Du village de Passy
à la rue de Passy

Histoire de Paris

Collection dirigée par Thierry Halay

L'Histoire de Paris et de l'Ile-de-France est un vaste champ d'étude, quasiment illimité dans ses multiples aspects.

Cette collection a pour but de présenter différentes facettes de cette riche histoire, que ce soit à travers les lieux, les personnages ou les événements qui ont marqué les siècles.

Elle s'efforcera également de montrer la vie quotidienne, les métiers et les loisirs des Parisiens et des habitants de la région à des époques variées, qu'il s'agisse d'individus célèbres ou inconnus, de classes sociales privilégiées ou défavorisées.

Les études publiées dans le cadre de cette collection, tout en étant sélectionnées sur la base de leur sérieux et d'un travail de fond, s'adressent à un large public, qui y trouvera un ensemble documentaire passionnant et de qualité.

A côté de l'intérêt intellectuel qu'elle présente, l'histoire locale est fondamentalement utile car elle nous aide, à travers les gens, les événements et le patrimoine de différentes périodes, à mieux comprendre Paris et l'Ile-de-France.

Dernières parutions

Jean-Pierre DUQUESNE, *La Véridique Histoire d'une religieuse, d'un monastère et d'un cercueil, de Louis XIII à René Coty*, 2016.

Yves BERTHIER, *Femmes de pierre du jardin du Luxembourg*, 2015.

Hubert DEMORY, *Alexandre Janson, Fondateur du lycée Janson de Sailly*, 2015.

Dominique SABOURDIN-PERRIN, *Les dames de Sainte-Elizabeth. Un couvent dans le Marais (1916 - 1792)*, 2014.

Claude MOREAU, *Charenton-le-Pont. Un dictionnaire historique des rues anciennes et actuelles*, 2014.

Hubert DEMORY, *Auteuil et Passy. Du Moyen-Âge à la Révolution*, 2013.

Pascale GAUTHIER, *L'Épopée des Espagnols à Paris de 1945 à nos jours*, 2010.

Hubert DEMORY, *La Mémoire du XVIe Arrondissement. Inventaire des plaques commémoratives*, 2010.

Robert Pick

Du village de Passy à la rue de Passy

Cent cinquante ans d'histoire commerciale

L'Harmattan

5-7, rue de l'Ecole-Polytechnique, 75005 Paris

http://www.editions-harmattan.fr

ISBN : 978-2-343-11013-4
EAN : 9782343110134

avant-propos

Cette monographie décrit l'aventure commerciale de la rue de Passy, depuis 1860, date du rattachement du village de Passy au nouveau Paris de Hausmann, jusqu'à l'extrême fin du 20e siècle. Cette aventure a un côté historique (comment se sont constitués, transformés ce village et cette rue), et un côté économique. Ce dernier a trois aspects : des boutiques, des acheteurs, et des produits. Il faut des emplacements pour vendre; leur surface, leur organisation évoluera au cours de ces cent quarante ans. Il faut des acheteurs; leurs habitudes, leurs goûts, leur localisation (au voisinage de la rue, dans tout le quartier, et bien au-delà de celui-ci) vont, eux aussi, changer. Il faut enfin, et avant tout, des produits à vendre; leur lieux de production, les modifications de la structure, de l'organisation de cette production vont être profondément bouleversés, et sont à l'origine de bien des changements. Cette monographie essaye d'aborder tous ces sujets, et de comprendre leur interaction dans le cas particulier de cette rue.

Le plan adopté essaye de prendre en compte ces divers aspects. Les deux premiers chapitres sont surtout historiques : on plante le décor (chapitre 1) puis essaye de replacer la rue de Passy dans le village du même nom, et de comparer, commercialement et sociologiquement parlant, ce dernier à quelques autres qui seront eux-aussi absorbés dans le nouveau Paris Hausmannien, ou qui en sont proches (chapitre

2). Les trois derniers chapitres décrivent, en épisodes successifs, en gros 1860-la Grande Guerre, l'entre-deux guerres, et l'après-guerre, l'évolution de ces commerces. Leur étude prend pour base la profession des commerçants, en décrit l'évolution commerciale au cours des ans, et cherche à comprendre les raisons de celle-ci.

Deux annexes de tailles très inégales complètent cet ouvrage. La première contient les souvenirs de quelques commerçants (en activité, où à la retraite) de la rue qui, eux-mêmes, et (ou) leurs ancêtres directs, ont participé à cette aventure commerciale. La deuxième est un catalogue de ces commerces pendant toute la période étudiée. Il donne, tous les cinq ans, pour tous les emplacements commerciaux, boutique par boutique, le nom de ses exploitants successifs et la profession qu'ils exercent. C'est à partir de ce catalogue que j'ai pu obtenir les données qui servent de base aux trois derniers chapitres de cet ouvrage.

Je dédie celui-ci à la mémoire de mon très cher ami, Pierre Nickler, qui fut, entre autres, vice-président de la fédération des sociétés historique et archéologique de Paris et de l'Ile de France. Il a guidé mes premiers pas, puis, constamment s'est enquis de l'état d'avancement de mes recherches et les orientant. C'est lui aussi qui m'a permis de connaître Hubert Demory, l'actuel président de la société historique d'Auteuil et de Passy. Ce dernier a toujours bien voulu, et de façon fort souriante, me faire part, dès que je le sollicitais, de son immense connaissance de l'histoire de Passy. Je tiens enfin à remercier tous ceux qui m'ont aidé à compléter les informations contenues dans l'annexe 2 pour les années postérieures à 1972 : Mr Lionel Flament de l'INPI, Mr Jean-Michel Bouchiat de la Chambre de Commerce et d'Industrie de Paris, Mr Gilles Daumoinx, ancien président du Comité d'Initiative de Passy, Mme Marine Gutmann Lajeunesse qui m'a constamment suggéré d'autres sources possibles. Enfin, Mr Jean-Pierre Gouby et Mme Cécile Limousin m'ont permis de comprendre l'histoire de l'actuel centre Commercial Passy Plaza, sur laquelle aucune documentation n'existe actuellement ; je tiens à leur faire part de ma reconnaissance. Et je ne veux surtout pas oublier Charlotte Lakshmanan : elle m'a été d'une aide inestimable pour la mise en forme de ce travail.

CHAPITRE 1
introduction

Ce travail vise à retracer, sur près de 150 ans, l'évolution du commerce de la rue de Passy, Paris XVIe. Cette étude prend comme date de départ 1859, c'est-à-dire le moment où Passy, qui était alors une des communes du département de la Seine, est englobé dans Paris proprement dit, Haussmann gardant le nombre des arrondissements anciens, tout en modifiant sensiblement leur taille et leurs contours, mais créant aussi huit nouveaux arrondissements. Les ajouts correspondants forment une nouvelle couronne qui entoure complètement l'ancien Paris ; Haussmann double ainsi la surface de la ville, et la fait coïncider avec l'intérieur des murs des fortifications de Paris, dont la construction avait été réalisée sous Louis-Philippe, entre 1841 et 1845. Passy est alors regroupé avec une partie de l'ancien village d'Auteuil et avec une partie de Chaillot pour former le XVIe arrondissement de Paris.

Mais qu'est, au juste, avant cette création administrative, cette rue de Passy, et plus généralement le village du même nom ? Celui-ci est établi, depuis le haut Moyen Age, à l'ouest de la colline de Chaillot, mais c'est un drôle de village. Le plan de 1731 de « Paris et de ses environs » le représente comme un triangle rectangle à peu près isocèle, avec un sommet assez aigu à l'endroit de l'actuelle place de Costa Rica, d'où partent deux rues qui enserrent presque complètement ce village. L'une est l'ancienne rue Basse, appelée maintenant rue Raynouard, dont le côté extérieur au village tombe, de façon très abrupte, sur la rive droite de la Seine. L'autre, l'hypoténuse, est la rue de Passy, bordée, au nord de celle-ci, par seulement quelques maisons situées près de la base du triangle, le sud de la rue étant, à l'inverse, entièrement occupé par le village. Le troisième côté est la rue de l'Annonciation, à peine plus courte que la rue Basse. Cette rue est appelée à l'époque la rue de l'Eglise, ce qui indique que cet édifice est largement excentré par rapport au cœur du village qui forme un assemblage très compact, percé seulement de petites ruelles quasiment impénétrables.

Il serait totalement hors de propos, dans ce travail, de retracer, depuis sa fondation, l'histoire de ce village. En revanche, deux éléments de cette histoire ont fortement façonné son développement futur, qu'il faut décrire ici tous deux. Le premier est l'existence de quelques grandes propriétés, hautement aristocratiques, qui l'entourent, pour ne pas dire qui l'emprisonnent. C'est la destruction de certaines de celles-ci à la Révolution, le lotissement progressif des jardins et parcs à l'intérieur desquelles elles étaient bâties, qui seront à l'origine de l'explosion démographique de ce village tout au long du 19e siècle. Le deuxième élément est la création, dès le début du siècle précédent, d'un véritable centre de thermalisme sur l'un des seuls terrains de son voisinage immédiat sur lequel n'était pas construit un château. Une clientèle aisée, de nobles et de bourgeois, va alors apprendre à connaître et apprécier les charmes d'un village, à la fois très proche de Paris et situé sur une hauteur orientée largement vers l'ouest, ce qui lui apporte une brise bien rafraichissante en été. L'habitude de fréquenter Passy ne disparaîtra pas avec la fin de sa vocation thermale : Passy deviendra simultanément un lieu de distraction, puis, dès la fin de l'Empire, un centre de villégiature apprécié, et pas seulement pendant l'été. Ceci orientera son développement vers le commerce plutôt que vers la production de biens de consommations et, bien sûr, ceux-ci sont destinés à la clientèle aisée que l'on rencontre dans ce village.

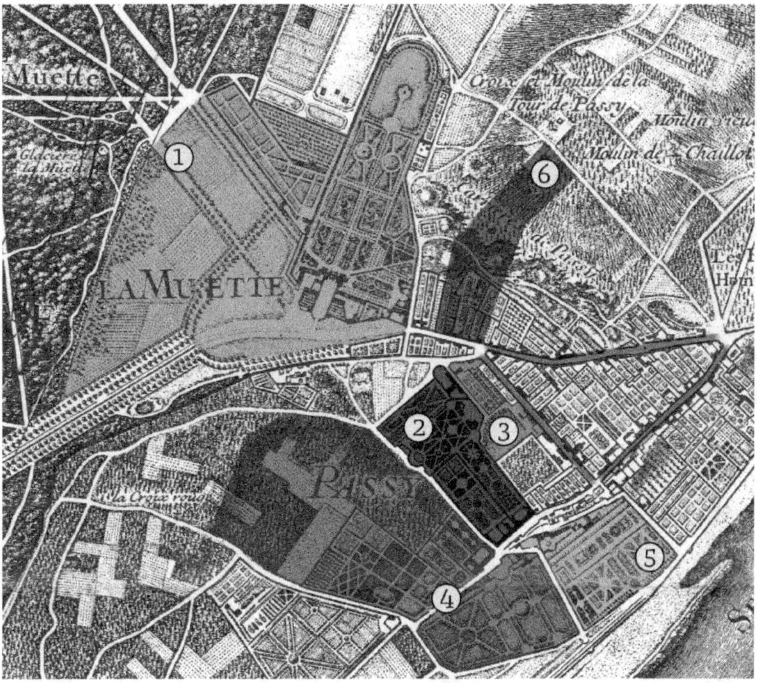

Le village de Passy et ses environs, d'après le plan de 1731

Les différents châteaux et hôtels entourant le village juste avant la Révolution y sont représentés :
Château de la Muette (1),
Hôtel de Valentinois (2),
Hôtel de Travers (3),
Château de Boulainvilliers (4),
Hôtel de Lamballe (5),
Résidence d'été de l'Amiral d'Estaing (6)

le Château de la Muette, sous Louis XV

Façade nord du château, vue depuis le fond du parc de celui-ci.

Ce dernier est inscrit dans le triangle formé des trois rues (en gris foncé sur la carte) situées à la droite de l'hôtel de Travers : la rue de l'Eglise, qui jouxte presque celui-ci et qui est parallèle à sa limite est, la rue de Passy, presque horizontale sur cette carte, et la rue Basse, parallèle à la Seine, et qui, après la rue de l'Eglise, passera en dessous de l'hôtel de Valentinois, puis traversera le parc du château de Boulainvilliers.

Passy et ses châteaux

Décrivons brièvement ces riches demeures qui se construisent à partir du début du 16e siècle, et jusque peu avant la Révolution, autour du triangle formé par le village et qui, par leurs seules existences, empêchent presqu'entièrement son expansion. A tout Seigneur, tout Honneur, débutons par l'aspect royal de cet environnement.

Au Moyen Age commençait, à l'ouest du village, la forêt de Rouvray, appelée ensuite, plus prosaïquement, le Bois de Boulogne. C'était alors un territoire de chasse très apprécié par les rois de France, et par leur cour : ils quittaient le Louvre, longeaient la Seine jusqu'après l'emplacement de l'actuel Pont d'Iéna, montaient alors par une pente raide sur la Colline de Passy, et contournaient par le nord le village du même nom pour se diriger, plein ouest, vers cette forêt. A sa lisière, ils y avaient fait construire, à la fin du 15e siècle, un relai de chasse, que Charles IX fit agrandir pour l'offrir à sa sœur, la Reine Margot, à l'occasion du mariage de celle-ci avec le futur Henri IV. C'est à cette époque que l'on fit élargir le chemin qui contournait le village, pour en faire ce qui va devenir la rue de Passy. Celle-ci devient ainsi la limite nord du village, l'autre côté de la route donnant alors sur la campagne. Ce château, en dépit de nombreux avatars, va rester dans la famille royale jusqu'à la Révolution, le domaine proprement dit étant limité, à l'est par l'actuelle rue de la Pompe, et au sud par ce qui est maintenant la chaussée de la Muette et le nord du jardin du Ranelagh. C'était la forêt qui limitait l'ouest de ce domaine, occupé, suivant les époques, par le souverain lui-même ou par différents membres de sa famille. Le village ne peut donc absolument pas se développer de ce côté-là.

La situation est encore pire du côté de la rue de l'Eglise. L'entrée et la façade d'une grande propriété, l'hôtel de Valentinois, sont bien situées sur la rue Basse, à une centaine de mètres à peine à l'ouest de la rue précédente mais les jardins de cet hôtel se trouvent au nord de celui-ci, et ils remontent jusqu'à la rue Bois le Vent qui en forme la limite nord avant de s'étendre tout le long de cette rue, jusqu'à ce qui était déjà, à l'époque, la rue des Vignes. Mais, entre ces jardins et la rue de l'Eglise, il existe un autre hôtel, celui de Travers. Celui-ci, qui a son entrée, sur la rue Bois le Vent, quasiment au coin de cette rue et de celle de l'Eglise, est très allongé; il s'étend presque jusqu'à la rue Basse. Il forme ainsi une barrière infranchissable à l'extension immédiate du village vers l'ouest.

De plus, il n'est pas possible aux habitants du village de songer à passer, « à saute-mouton » pourrait-on dire, par-dessus ce domaine d'environ sept hectares pour s'installer un peu plus loin. A l'ouest des jardins précédents commençait en effet une propriété presque deux fois plus vaste encore, qui allait jusqu'à l'actuelle rue de l'Assomption et descendait jusqu'à la Seine. Cet immense domaine de Boulainvilliers, qui couvrait entièrement le flanc ouest de la colline de Passy était dominé par son château situé, lui aussi, au voisinage de la rue Basse, rendant ainsi impossible toute expansion du village dans cette direction.

Cette rue Basse était aussi, bien sûr, la limite sud du village puisque de l'autre côté de celle-ci se trouvaient des pentes abruptes. Au pied de celles-ci, il y avait bien une petite plaine alluviale allant jusqu'à la Seine et qui dépendait du village, mais cette dépendance était largement formelle, puisque cette plaine ne lui était en rien directement reliée. Elle était,

l'hôtel de Valentinois, côté jardin, à la fin du 18e siècle

On voit, au fond, l'hôtel proprement dit et le porche d'entrée, entouré par un haut mur, situés au sud du jardin.

en outre, occupée, à l'ouest, par un autre grand domaine, attenant au bas de celui de Boulainvilliers et de taille à peine inférieure à l'hôtel de Valentinois. C'était, à la fin du 18e siècle, celui de la duchesse de Lamballe qui y fit dessiner un magnifique jardin. Et, plus en amont, c'est là que se trouvait, depuis le début du siècle, le domaine thermal dont on reparlera un peu plus loin.

Passy ne peut donc s'étendre que par son côté nord, au-delà de la rue de Passy, et c'est bien sûr ce qu'il fait [1]. Mais, là aussi, la place est très limitée. En effet, 150 mètres au sud de la rue de la Tour, on s'était mis, au 17e siècle, à creuser des carrières pour construire, entre autre, les différents châteaux et hôtels évoqués plus haut. La rue des Carrières, qui deviendra ultérieurement la rue Nicolo, située au sud de celles-ci, forme donc l'extrême limite possible de l'expansion du village, et c'est bien ce qu'indique ce plan de 1731; l'extension du village vers le nord se limite donc au petit triangle formé par cette rue des Carrières, la rue de de la Pompe et la rue de Passy, avec un mince filet de maison le long du reste de cette rue. Hélas, une vingtaine d'années plus tard, l'amiral d'Estaing va racheter une partie de ces terrains et de ceux situés au nord des carrières, jusqu'à la rue de la Tour. Il crée, dans cet ensemble, un grand parc ainsi qu'un petit hôtel dont l'entrée se situe rue de Passy et qui devient sa résidence d'été. Toute une partie de la rue des Carrières se trouve alors englobée dans son parc et, pour donner une issue au reste de cette rue, il fera construire, à la limite est de sa propriété, une petite rue qui reliera le moignon restant à la rue de la Tour. Passy est alors encore plus, et semble-t-il définitivement, emprisonné.

Cette situation est celle qui est représentée sur la carte page 13, qui utilise le plan de 1731, y reportant simplement, à l'aide de différentes numéros, les six domaines brièvement décrits ci-dessus, et les trois rues qui enclavent le village.

1 - Il s'étend aussi, un tout petit peu, à l'ouest, jusqu'à l'entrée du Château de la Muette le long de la rue de Passy, entre celle-ci et la rue Bois-le Vent.

Passy « ville d'eau »

La Révolution va permettre de briser cet emprisonnement mais, avant de parler des conséquences de celle-ci sur le plan immobilier, il faut remonter un peu dans le temps et parler de l'aspect « mondain » de Passy depuis le début du 18e siècle. L'histoire débute, en fait, à la fin du siècle précédent, avec la découverte, sous la colline de Passy, presque en dessous de la place de Costa-Rica, d'une source qui est rapidement recommandée par l'Académie des Sciences « pour les femmes stériles » ! Gratuite, cette source a, en fait, peu de succès. Mais, près de cinquante ans après, un ancien aumônier de la marquise de Maintenon découvre, près de là, plusieurs autres sources. Bon homme d'affaires, après avoir fait, lui aussi, analyser ces eaux et reconnaître leurs vertus curatives, il crée un établissement thermal sur le terrain qui borde la Seine à cet endroit, y adjoignant salles de jeu, salle de bal, restaurant, grand jardin... : les Eaux de Passy sont lancées et leur succès auprès d'une riche, et parfois célèbre, clientèle ne va pas se démentir, pratiquement jusqu'à la Révolution, époque à partir de laquelle leur fréquentation va fortement diminuer.

Heureusement, peu de temps auparavant, en 1774, un Mr Morrissan avait obtenu l'autorisation d'ouvrir, dans un terrain situé dans le parc du château de la Muette, au sud de celui-ci, un bal, bientôt agrémenté d'un café et d'un restaurant, à l'image de ce qu'avait réalisé, à Londres, peu d'années auparavant, le duc de Ranelagh dans sa propriété de Chelsea. On nomme donc cet endroit, par imitation, le «petit Ranelagh» et celui-ci devient rapidement à la mode. C'est un lieu où se rencontreront, après la Terreur, les jeunes partisans de la fin de la Révolution et le succès ne diminuera pas avec l'avènement du Directoire puis du Consulat. Il durera, en fait, jusqu'à la fin de l'Empire, qui sonnera aussi celle de la grande époque de ce lieu de distraction. La salle de bal est détruite par une tempête en 1818; après reconstruction, l'affluence diminuera nettement, et le jardin deviendra, par la suite, un jardin public.

le désenclavement de Passy et sa transformation

Les thermes de Passy puis le bal du Ranelagh avaient donc rendu familier aux nobles et à la bourgeoisie aisée de l'époque, le chemin de ce village. L'avenir dépendait alors de la pérennisation de cette fréquentation. Fallait-il encore qu'il y eut des endroits pour que ses hôtes puissent y résider, de façon plus ou moins temporaire, voire s'y installer définitivement. C'est essentiellement la Révolution qui va rendre ceci possible, par les différentes actions qu'elle aura à l'encontre des détenteurs de grandes fortunes.

D'une part, elle saisira celle de Le Ray de Chaumont, propriétaire, à l'époque, de l'hôtel de Valentinois. Ruiné, celui-ci sera forcé de vendre son hôtel et ses jardins, et l'ensemble sera rapidement morcelé. La plus célèbre partie de ce domaine, représentée par les jardins de l'hôtel, sera rachetée, sous Louis-Philippe, par l'industriel D. Singer et par son fils qui vont en assurer le lotissement. Il en est de même pour l'hôtel de Travers, qui leur est vendu, directement par ses propriétaires. L'actuelle rue Singer, qui va de la rue Raynouard à la rue des Vignes en est le souvenir le plus évident, et, dès les années 1830, toute la partie du jardin de ce premier hôtel située entre la rue Bois le Vent, la rue de Boulainvilliers et cette rue Singer, commence déjà à être occupée. Dans les années qui vont suivre, autour des années 1840-1850, c'est sur les restes des deux parcs, cette fois, que se construisent, successivement la rue Lekain puis la rue Duban ; elles concrétisent encore plus directement l'extension du village au-delà de la rue de l'Eglise.

D'autre part, le gouvernement révolutionnaire va vendre comme bien national le domaine de l'Amiral d'Estaing, héros, comme Le Ray de Chaumont, de l'indépendance américaine, mais qui va, cependant, être guillotiné. Ce domaine deviendra, ensuite, la propriété d'un Mr Guichard. Ce dernier le léguera à son fils, lequel le revendra, au milieu du 19e siècle, peu avant le rattachement du village de Passy à Paris, à une société qui le fera rapidement lotir.

Le château de Boulainvilliers va connaître, lui, un sort un peu analogue à celui de l'hôtel de Valentinois. Comme ce dernier, il n'est pas détruit au moment de la Révolution et, à l'inverse du précédent, traverse sans dommage tout le premier Empire. Cependant, en 1815, la propriété est dévastée par les troupes étrangères qui occupent les environs de Paris après la défaite de Waterloo. Quelques années après, le domaine va être démantelé, et divers financiers, dont D. Singer déjà mentionné, en achèteront des portions, encore une fois pour les lotir.

Passy pourra ainsi sortir du triangle dans lequel il était enfermé, dès qu'il deviendra une partie du XVIe arrondissement. La dernière « barrière », celle du château de la Muette, ne tombera complètement, elle, que nettement plus tard. Au moment de la Révolution, le château et ses deux ailes perpendiculaires se trouvaient au bout de la chaussée de la Muette, le parc prolongeant celui-ci en s'étendant vers le nord, le long de la rue de la Pompe. Le château proprement dit est détruit à cette époque mais ses deux ailes latérales subsistent. L'aile est deviendra, après la Restauration, la propriété du facteur de piano Erard et restera dans sa famille, celle-ci rachetant par la suite le reste du domaine, et le gardant jusqu'à la Grande Guerre. La partie est de celui-ci ne sera lotie que dans les années 1920, bien après le début de notre histoire. Quant à la partie ouest, elle continuera à former un grand parc sur lequel sera construit à la même époque, pour H. de Rothschild, un nouveau château qui est devenu, depuis, le siège de l'OCDE.

En fait, le lotissement de ces anciens parcs ne représente qu'une partie, importante, certes, mais pas unique, de la transformation du paysage urbain en ce début de 19e siècle : le village proprement dit y participe aussi.

- D'une part par la construction de nouvelles voies. Dès la Restauration, une nouvelle rue, la rue Neuve de l'Eglise, est construite dans le triangle initial: elle relie la rue de l'Eglise à cet édifice religieux situé une cinquantaine de mètres plus à l'est, puis fait un angle droit pour rejoindre la rue de Passy, à cent mètres de là; le triangle ne sera alors plus aussi compact qu'auparavant.

- Par ailleurs, vers 1770, afin de relier ce qui restait de la rue des Carrières à la rue de la Tour, on avait ouvert ce qui est maintenant le début de le rue Vital; autour de 1830, on prolonge celle-ci jusqu'à la rue de Passy et, dix ans après, il y aura déjà des maisons individuelles presque tout le long des deux côtés de cette nouvelle voie. De plus, on remodèle et agrandit la place de la Mairie, la future place de Passy, au carrefour entre les rues de Passy, Bois-le Vent et de l'Eglise, et maintenant de la rue Vital. D'autre part, pendant toute la période 1800-1860, on assiste à une importante rénovation de l'habitat tout au long de la rue de Passy, et pas seulement sur sa place. En dehors des quelques hôtels, de tailles assez modestes, qui s'y sont construits aux 17e et 18e siècles et ne seront détruits qu'autour des années 1900, les maisons sont démolies les unes après les autres et remplacées par des immeubles de deux ou trois étages. Ils seront globalement évoqués dans le prochain chapitre, mais on peut déjà noter qu'un certain nombre d'entre eux, souvent surélevés, par la suite, d'un ou deux étages, existent encore aujourd'hui.

En résumé, Passy est prêt, à la fin de 1859, pour une nouvelle aventure, et sa Grande Rue (la future rue de Passy) pour devenir le moteur de celle-ci. C'est ce qui sera décrit dans la suite de cet ouvrage. Les chapitres suivants seront consacrés, d'abord, à une description de l'environnement de cette rue à cette date (chapitre 2), puis à une histoire, par tranches de cinquante années (chapitres 3, 4, et 5), des transformations commerciales qui s'y produiront jusqu'à la fin du vingtième siècle.

CHAPITRE 2
l'état des lieux

Dès le début du Deuxième Empire, la commune de Passy, c'est-à-dire, d'une part le village proprement dit, d'autre part la « Plaine de Passy », cette grande surface, à peu près délimitée par le Trocadéro, la place de l'Etoile, la porte Maillot et la porte de la Muette, va connaître un accroissement démographique très important: on comptait, en 1850, 5700 habitants, essentiellement concentrés dans et autour du village; il y en a 8600 cinq ans après, 11000 en 1856, et 17600 en 1859, d'après le Bottin du Commerce de la Seine, une multiplication par un facteur trois en 10 ans ! En fait, les chiffres publiés par l'APUR (Atelier Parisien d'Urbanisme), et qui donnent les résultats du recensement de la population pour chaque arrondissement et par quartier (Auteuil, Chaillot, porte Dauphine et Muette pour le XVIe), tous les 10 ans, à partir de 1861, permettent de compléter un peu ces données. Ils laissent à penser que cette Plaine de Passy représente, en 1859, environ un tiers de la population totale, les deux autres tiers étant concentrés dans ou aux alentours immédiats du village lui-même. Les données du Bottin du Commerce confirment et précisent cette estimation. Celui-ci indique, en effet, à partir de 1856, l'adresse correspondant aux professions qu'il répertorie et permet donc de différencier les zones résidentielles de celles qui sont commerçantes ou industrielles (notons que seules certaines professions sont mentionnées dans ces Bottins à cette époque; en particulier, bouchers et boulangers n'y apparaitront qu'à partir de 1861). On s'aperçoit alors

la barrière de Passy vers 1840

Cette barrière se situait approximativement au pied de l'actuelle rue Beethoven et était un des octrois du Mur des Fermiers Généraux qui clôturait encore Paris au début du XIXe siècle. Le bâtiment à l'arrière-plan était un des bâtiments du couvent des Minimes, dont on aperçoit aussi le haut du clocher.

plan du village de Passy vers 1840

A l'époque où ce plan a été dessiné, seule la rue Neuve de l'Eglise (actuelle rue Jean Bologne) avait été percée pour rejoindre la rue de l'Eglise (actuelle rue de l'Annonciation) au sud de la rue de Passy. On avait aussi percé, au nord de celle-ci, la rue des Artistes (actuelle rue Gavarni), et la rue Vital, alors que la rue des Carrières (actuellement rue Nicolo) était beaucoup plus ancienne. La rue Duban ainsi que la rue Guichard, la place Possoz, et les rues qui en partent, seront percées entre 1840 et 1860 et sont représentées en pointillé. La rue Claude Chahu, qui ne date que de 1890, et les rues Chernovitz et Massenet qui n'existent que depuis le début du XXe siècle, ne sont pas représentées ici.

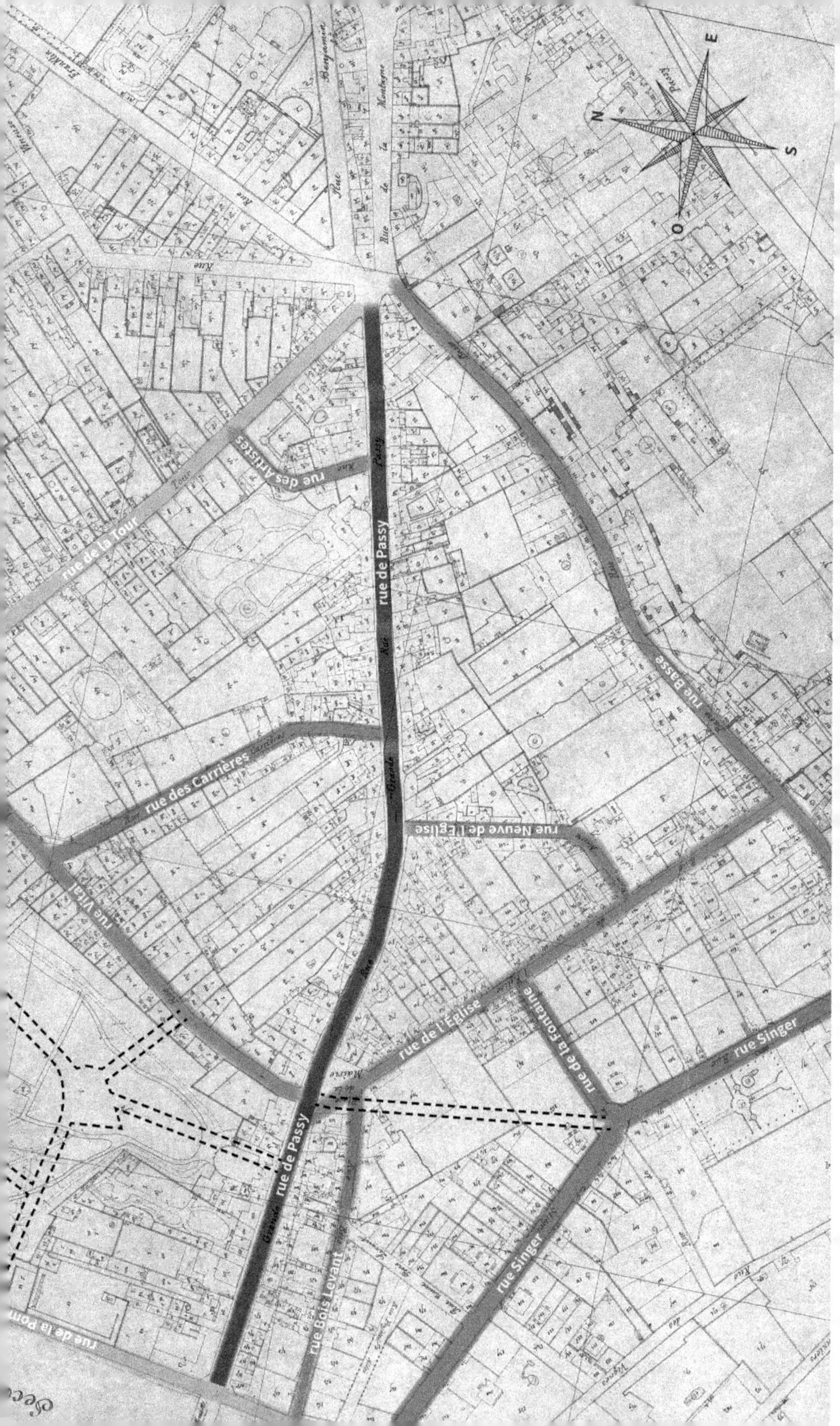
rue de la Tour
rue des Artistes
rue de Passy
rue des Carrières
rue Basse
rue Neuve de l'Église
rue Vital
rue de l'Église
rue de la Fontaine
rue Singer
rue de Passy
rue Bois Levant
rue Singer
rue de la Pom
E
N
S
O

qu'en dehors des commerces de stricte nécessité, épiciers en particulier, ce sont de petites entreprises qui s'installent dans les nouveaux centres de développement : plaine de Passy, bord de la Seine et plus particulièrement quai de Passy. En d'autres termes, d'une part le village proprement dit double sa population en dix ans, ce qui est déjà très important, d'autre part la structure de son activité marchande, au sens large, ne se modifie pas. Deux questions se posent donc dès l'abord. Où s'installe cette nouvelle population ? Quelle sont la nature et la structure de cette activité marchande ?

Regardons d'abord le premier point. Aucune transformation notable du village proprement dit ne se produit à cette époque. En effet, vers 1860, celui-ci est constitué d'habitations, certaines assez anciennes, d'autres construites autour du début du 19e siècle, et qu'il n'est question, ni de démolir, ni même de modifier grandement. L'exemple le plus typique est, à ce point de vue, la rue de Passy elle-même. Le Calepin des Propriétaires correspondant à cette rue décrit, dès 1861, et pour chaque immeuble, simultanément, sa composition exacte, le nom du propriétaire, unique dans la plupart des cas, et celui des locataires. En dehors de trois hôtels du 18e siècle, et d'une maison particulière de la même époque qui a subsisté jusqu'à aujourd'hui (au 83), tous déjà assez largement transformés en appartements, on trouve un ensemble très homogène d'immeubles sur rue, de trois ou quatre étages, simples (deux appartements par étage, donnant simultanément sur la rue et sur l'arrière) ou doubles (quatre appartements, deux sur la rue, et deux sur la cour ou le jardin), et rien ne permet de penser que le nombre d'étages de ces maisons ait augmenté dans les cinquante années précédentes (1810-1860). Sur ces parcelles, il y a aussi, assez fréquemment, des constructions supplémentaires, de moindres tailles, situées dans la cour de l'immeuble, soit dans le fond de celle-ci, soit formant des ailes attenantes à l'immeuble proprement dit. L'ensemble de ces habitations est, par ailleurs, d'un âge assez homogène, fin du 18e ou début du 19e siècle : on relève seulement trois ensembles plus récents, datant de l'époque Louis-Philippe, avec une cour intérieure plus vaste, mais qui ne sont pas plus élevés que les autres. La notion la plus importante ici est que rien ne permet l'extension de l'immeuble sur la surface non construite du terrain, au moins en ce qui concerne le côté sud (les numéros impairs) de la rue, et c'est en partie vrai aussi pour le côté nord. Les transformations se feront, ultérieurement, soit par surélévation (en général de deux étages) de l'immeuble existant, soit par destruction d'un ou de plusieurs immeubles et construction d'un nouvel ensemble, là aussi plus élevé. Ces transformations, bien postérieures à l'époque 1850-1860, ne permettent pas d'expliquer le fort développement démographique mentionné ci-dessus.

D'où vient, comment s'effectue, alors le doublement de la population du village de Passy? Où sont les nouvelles habitations nécessaires pour l'expliquer? Une réponse fortement documentée n'est pas aisée car les preuves sont difficiles à trouver. En effet, les nouveaux habitants vont s'installer sur des terrains, soit en friche (entre la rue de Passy et la rue de la Tour) soit, plus fréquemment, sur ceux qui faisaient auparavant partie des parcs des divers hôtels qui entouraient le village. On va y construire de petites maisons, que l'on va commencer à détruire dès le début du 20e siècle, et dont la destruction va continuer tout au long de celui-ci. L'exemple le plus caractéristique est sans doute le parc de la résidence d'été de l'Amiral d'Estaing. Ce parc, qui avait son entrée principale entre les n°s 70 et 72 de la rue de Passy, appartenait encore en 1850, à Mr Guichard (voir Chapitre 1). Ce dernier le vend à une société qui en assure le lotissement dès 1854. Elle va y créer un ensemble de rues, appelées maintenant rue Guichard, place Possoz, rues Paul Delaroche, Faustin Elie, Desbordes-Valmore, et Cortambert, et va faire renaître la partie de l'actuelle rue Nicolo (l'ancienne rue des Carrières) qui avait été absorbée par ce parc au siècle précédent, lors de la création de celui-ci. Tout cet ensemble va être petit à petit couvert de maisons individuelles, plus ou moins grandes, maisons accolées les unes aux autres, comme dans la rue Paul Delaroche, ou bien pavillons, hôtels particuliers, dont il ne reste maintenant que quelques vestiges, rue Desbordes-Valmore par exemple. Il en est de même pour les terrains qui seront petit à petit mis en lotissement, de l'autre côté de la rue Vital, sur les anciennes carrières, au voisinage de l'autre partie de la rue des Carrières, l'actuel début de la rue Nicolo. Ces nouveaux lotissements « bloquent » largement l'agrandissement des parcelles sur lesquelles sont construits les petits bâtiments situés au nord de la rue de Passy; ceci explique que la transformation ultérieure de ces derniers se heurtera aux mêmes difficultés que celles rencontrées par les maisons situées au sud de cette rue. Le même processus de lotissement se produit au sud-est du village, rue Talma, ou rue Singer, qui commence à être loti dès les années 1838-1840, lors du démantèlement des domaines du château de Boulainvilliers et de l'hôtel de Valentinois; il existe encore, rue Talma par exemple, quelques témoins de cette époque, petites maisons individuelles accolées les unes aux autres.

En résumé, la grande phase de développement démographique, démarrée dès avant le début du Second Empire, se produit très majoritairement en dehors du village lui-même. Elle n'affecte en rien sa structure immobilière (et elle ne l'affectera que modérément par la suite, comme on le verra ultérieurement). Elle n'apporte qu'une clientèle supplémentaire, et aisée, au commerce local, sans en modifier les principales caractéristiques et c'est celles-ci que l'on va, maintenant, regarder un peu en détail.

Au milieu du 19e siècle, le commerce du village est entièrement concentré sur deux rues, la rue de l'Eglise et la Grande Rue de Passy. Ce nom de Grande Rue est, en fait, trompeur puisque c'est la rue de l'Eglise qui, au sens habituel du terme, joue ce rôle, à ce moment-là. Inversement, comme on l'a vu dans le premier chapitre, la Grande Rue de Passy est encore une sorte de « périphérique », une limite résultant de l'élargissement, au début du 16e siècle, de l'ancien chemin contournant le village. La structure du commerce de ces deux rues reflète bien cette différence d'origine.

Comme ci-dessus, notre principale source d'information est le Bottin du Commerce qui, dès 1861, recense, maison par maison et année après année, les divers commerçants et artisans qui y résident; et ce Bottin permet aisément de différencier ces deux rues. La rue de l'Eglise est une typique grande rue de village. Il y a, d'une part, les habituels métiers de bouche : boulangers, bouchers, épiciers, marchands de vins. (Notons qu'il n'y a pas de laiterie ou de fromagerie, ou de marchand de légumes; à l'époque, le lait s'achète sur place, dans les différentes fermes, et surtout « vacheries » (il y en avait huit dans le seul quartier de la Muette) qui entourent le village, le beurre et les fromages sont apportés, aussi bien que les légumes, par des fermiers et des maraîchers qui les vendent sur leur étal, dans la rue ou bien au marché, qui existe déjà à côté de la place de la Mairie. Les arrières cours abritent, classiquement aussi, les artisans : couvreurs, menuisiers, serruriers, chaudronniers, etc... Ce Bottin fait aussi apparaître une couturière, une corsetière et deux magasins de lingerie. Mais ce sont les seuls signes, au moins dans cette rue de l'Eglise, de l'aisance d'une partie de la clientèle de Passy, celle qui va, à la longue, différencier Passy d'autres communes englobées dans le Paris d'Hausmann.

Il en va tout autrement de la Grande Rue de Passy. On y répertorie 80 entreprises parmi lesquelles à peine plus du quart vendent uniquement de la nourriture, deux autres magasins vendant aussi des vins fins, une autre se consacrant entièrement à cette activité et une dernière au commerce de cafés et de thés. Sous forme chiffrée, ce type d'activités ne représente que 36% de tous les commerces répertoriés dans cette rue pour 45% dans la rue de L'Eglise. En outre, il n'y a que 6% d'artisans dans cette Grande Rue de Passy pour 25% pour la précédente. Et c'est déjà le côté habillement qui est, relativement, le plus développé : on trouve deux chapeliers, quatre magasins de chaussures, deux lingeries, six merceries, boutiques de mode ou tailleurs et un marchand de parapluies. Il y a, en outre, trois horlogers, trois libraires, un parfumeur, ainsi que trois pharmaciens et un opticien. Il s'agit donc, dès cette époque, d'une spécialisation de cette rue, presque sans artisans, et avec un commerce qui s'adresse, en priorité, à une clientèle aisée, quelle y demeure à l'année ou d'une façon très temporaire, et qui y achète des produits que l'on ne trouve guère, en général, en dehors du centre des grandes villes.

La description précédente suggère que la rue de Passy est atypique, différente de celles des autres villages réunis à Paris en 1859. Il est possible de préciser ce point de vue par l'intermédiaire de deux comparaisons :

-La première est entre Passy et les deux autres ensembles, Chaillot et Auteuil, avec lesquels ce village va se regrouper (le quartier de la porte Dauphine n'est, à cette époque, qu'une plaine peu peuplée) pour former le XVIe arrondissement. Ces deux parties sont de nature très différente. D'un côté, il y a Chaillot, qui fut, pendant une partie du 18e siècle, un faubourg de Paris et y est englobé lors de la construction du Mur des Fermiers généraux (1783-1787). Ce mur, ou plutôt cette barrière, allait alors de la place de l'Etoile jusqu'à celle du Trocadéro, puis redescendait jusqu'à la Seine, à l'aval de l'actuel pont d'Iéna, en suivant le côté ouest de ce qui constitue maintenant les jardins du Trocadéro. Toute la partie de Paris située simultanément à l'intérieur de cette barrière et à l'ouest de l'actuelle avenue Marceau va être rattachée au nouveau XVIe arrondissement, mais cet ensemble ne forme pas une commune. Il n'a aucun caractère particulier, cohérent, contrairement à Passy; il ne peut donc pas être un important pôle de développement. A l'autre extrémité de l'arrondissement, Auteuil, sa troisième composante bâtie, a une tout autre histoire. C'était, au départ, un village très étiré d'est en ouest, qui comprenait d'une part, l'actuel quartier d'Auteuil, de l'autre toute la partie « Billancourt » de Boulogne, en gros celle située entre la Seine et l'actuelle rue Galliéni de cette commune. Cet ensemble est très allongé, avec une portion fort éloignée du centre de Paris, si bien que la construction du mur des Fortifications de Paris coupe en deux le village d'Auteuil. Une partie est englobée dans le XVIe arrondissement, l'autre rattachée au village de Boulogne. Cette coupure déstabilise l'ensemble, et Auteuil, amputé de sa partie ouest, devient simplement l'appendice sud de cet arrondissement : il a perdu la personnalité qu'il avait à la fin du 17e siècle, quand Boileau ou Molière le fréquentait. Le village de Passy n'a donc pas de concurrent, et c'est tout naturellement que la mairie de l'ancien village de Passy devient celle de ce XVIe arrondissement.

-Une deuxième comparaison est instructive : celle entre certaines activités, presque toutes non alimentaires, présentes, en 1859, dans diverses communes des environs du Paris d'avant 1859. Cette comparaison est faite avec cinq agglomérations de tailles à peu près similaires à celle de Passy : quatre, Grenelle, Montmartre, Vaugirard et La Villette, qui vont être englobées dans Paris, et Neuilly, qui ne le sera pas, mais aura par la suite la même réputation de quartier particulièrement aisé que le village étudié ici. Notre source est, à nouveau, le Bottin du Commerce pour cette année 1859. La comparaison est faite dans le tableau I (dont les lignes comprennent nombre de professions dont l'évolution sera suivie dans les chapitres suivants). A populations semblables, Passy domine (ou est en très bonne place) dans des activités qui correspondent au statut social, ou à l'aisance, de ses habitants : médecins, cabinets de lecture et libraires, institutions scolaires pour garçons (à l'exception de Vaugirard) et pour jeunes filles, magasins de modes et de lingerie, traiteurs ou confiseurs. Ce village a donc une structure commerciale différente de celle de ces voisins, qui reflète leurs possibilités financières, et il saura maintenir cet avantage qualitatif au cours des décennies à venir.

village	grenelle	mont-martre	neuilly	passy	la vilette	vaugirard
habitants (milliers)	14,8	30,0	23,0	17,5	30,7	26,0
boulanger	?	?	?	?	?	?
boucher	?	?	?	?	?	?
charcutier	?	?	?	?	?	?
épicier	19	38	21	35	22	27
confiseur	?	?	?	3	2	5
vin en gros	14	5	6	14	14	14
horologer	7	8	?	2	5	8
limonadier	13	22	5	9	11	9
traiteur, restaurant	10	10	10	28	10	9
institut de garçons	4	6	5	7	3	12
institut de jeunes filles	5	5	4	8	5	8
librairie, cabinet de lecture	4	7	2	4	2	2
médecin	3	9	5	14	4	8
pharmacien	4	8	4	4	7	6
chapelier	1	2	1	3	1	3
chaussures	7	3	?	?	5	7
lingerie, modes	5	17	?	20	12	13
tailleur	5	2	?	3	2	4

tableau I

Comparaison du nombre de certaines professions répertoriées dans les Bottins du Commerce de 1858 ou 1859, pour six villages situés autour de Paris et ayant des tailles à peu près similaires.

La rue de Passy bénéficie, en outre, de deux autres atouts, même s'ils n'apparaissent pas évidents à cette époque.

D'une part, c'est une des rues des nouveaux arrondissements les mieux desservies par les moyens de transport en commun. Non seulement, il existe une ligne d'omnibus, la ligne A, avec des passages assez fréquents (toutes les vingt minutes), qui traverse sa Grande Rue de part en part, reliant la place de la Mairie au Palais Royal, en suivant la Seine puis la rue de Rivoli. Mais aussi, depuis 1854, le chemin de fer de Petite Ceinture, qui part de la gare Saint Lazare, arrive à la gare de la Muette, formant une deuxième liaison vers le centre de Paris. Bref, il est facile de se rendre dans cette partie de Paris qui garde, malgré tout, le caractère d'un village où l'on peut aussi bien y mener une vie active que s'y reposer, y résider temporairement ou y passer, tout simplement, la journée.

D'autre part, il s'agit d'une rue assez large pour l'époque. Non seulement elle avait été très tôt transformée en une voie de contournement de Passy mais Louis-Philippe avait considéré qu'il fallait encore augmenter sa largeur. Un décret du 4 Juin 1846 prévoit son élargissement, au moins depuis son entrée, au carrefour des rues de Passy et Franklin et du boulevard Delessert, l'actuelle place du Costa-Rica, jusqu'à la place de la Mairie : chaque immeuble ayant un numéro impair que l'on démolira ne pourra être reconstruit qu'avec un recul de façade de quatre à six mètres. Ce décret a toujours été mis en application, à la seule exception des années 1890. Cependant, comme un tiers des immeubles n'a toujours pas été démoli au tournant du 21e siècle, les trottoirs actuels présentent une surprenante alternance de parties larges et étroites, la chaussée gardant sa largeur d'époque sur la plus grande partie de la rue.

Notons, pour terminer cet état des lieux, un handicap, non prévisible à l'époque, mais qui représentera, dès les années 1920, un frein au développement commercial de cette rue : il s'agit de l'exigüité des emplacements commerciaux. Les boutiques se trouvent, bien sûr, au rez-de-chaussée des immeubles et, en 1859, la plupart de ceux-ci ont déjà deux commerçants qui y sont installés. La façade des maisons étant assez étroite, les boutiques le sont encore plus, avec une devanture variant, à l'époque, entre quatre et six mètres. De plus, il s'agit d'immeubles peu profonds, et la boutique proprement dite est toujours suivie par une arrière-boutique, étroite elle aussi, et donnant généralement directement sur la cour. Parfois, le rez-de-chaussée d'un bâtiment situé dans cette même cour sert de remise supplémentaire mais, d'après le Calepin des Propriétaires (et donc des locataires de l'immeuble), c'est rarement le cas. Au total, la surface commerciale est faible ; elle est acceptable à une époque où le commerçant n'est secondé, au maximum, que par un employé. Elle deviendra insuffisante lorsque l'évolution du commerce poussera ce dernier à s'agrandir et, les solutions trouvées pour cet agrandissement différeront beaucoup d'un immeuble à un autre.

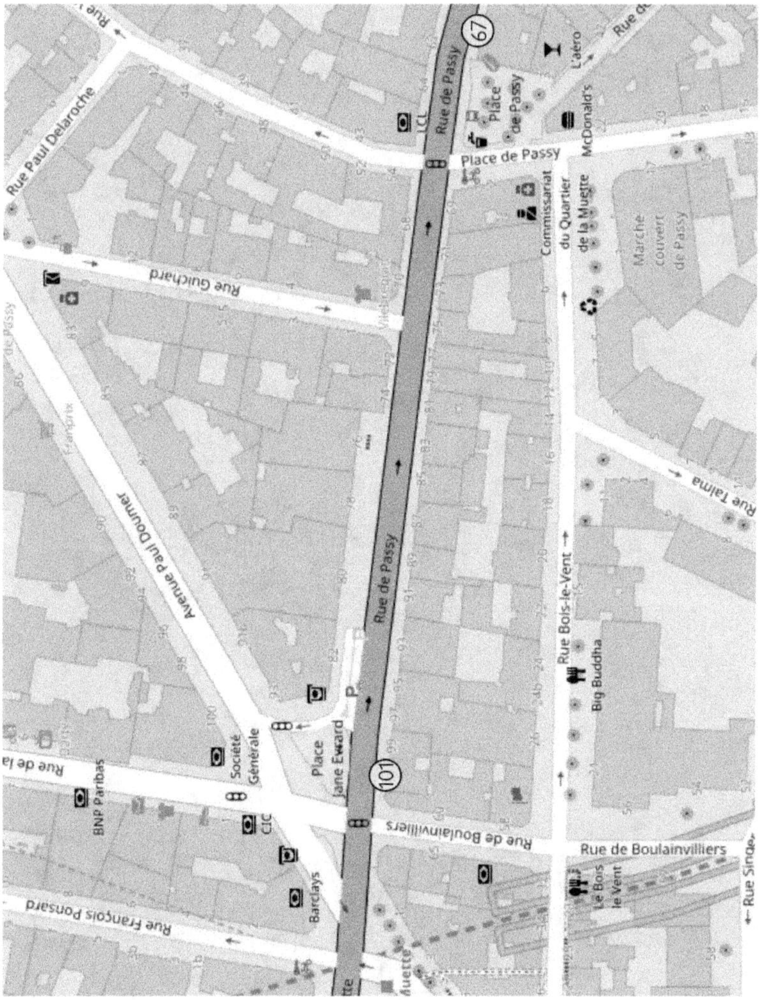

plan de la rue de Passy en 2000

De la Place de la Muette (n° 101) jusqu'à la Place de Passy
(après le n° 67)

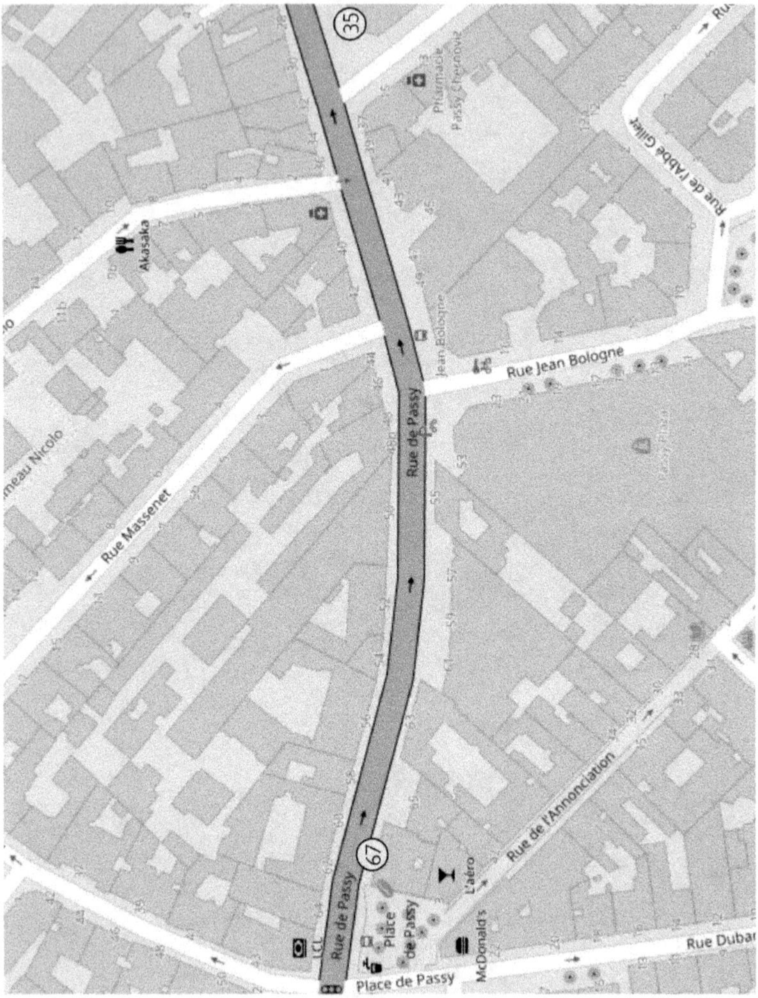

plan de la rue de Passy en 2000

De la Place de Passy (après le n° 67) jusqu'à la rue
Chernowiz (n° 35)

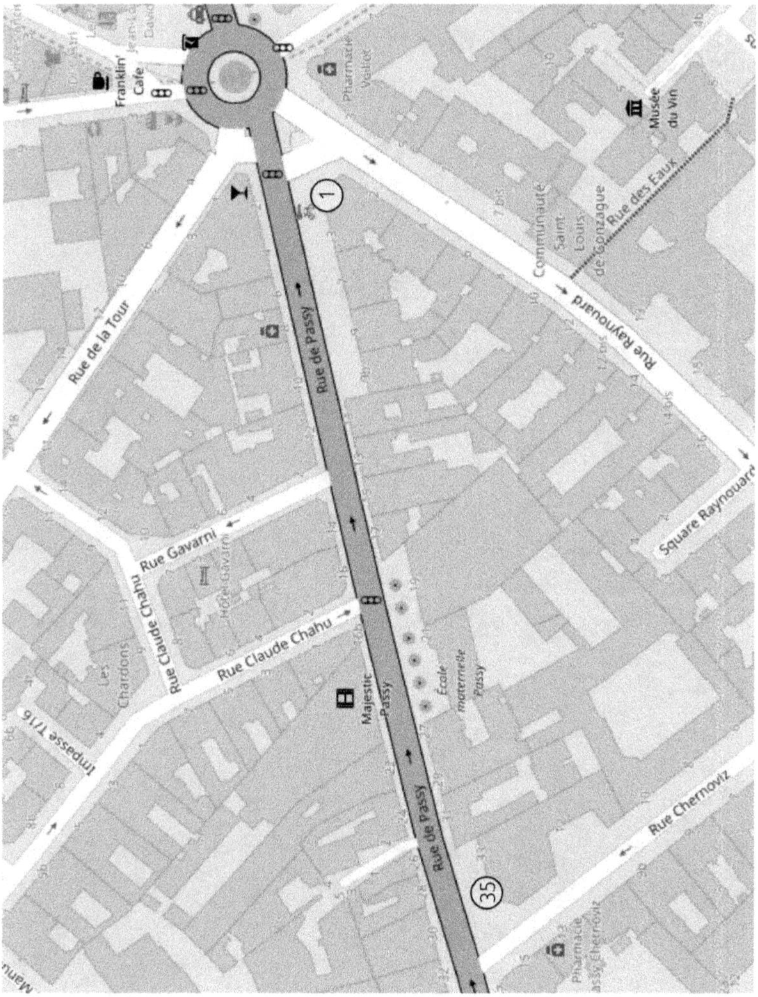

plan de la rue de Passy en 2000

De la rue Chernowiz (n° 35) jusqu'à la Place de Costa-Rica (n° 1)

CHAPITRE 3
le premier développement

Comme on l'a vu dans le chapitre précédent, la rue de Passy possède un certain nombre d'atouts lorsque Passy devient l'un des quartiers du XVIe arrondissement. Elle n'est alors, cependant, qu'« intégrée » au village de Passy, en ce sens qu'à ce moment il y a encore un partage assez équilibré de l'activité économique entre cette rue, ancienne voie de contournement du village, et la rue de l'Annonciation. Elle n'est pas encore le centre économique de Passy qu'elle deviendra plus tard. C'est le développement démographique remarquable de cet arrondissement qui va être, pendant la période 1861-1911 étudiée dans le présent chapitre, le moteur principal de cette transformation, et de cette différenciation entre les deux rues.

Avant de raconter l'histoire « commerçante » de cette rue, une remarque s'impose. Le rôle économique de celle-ci va profondément se transformer, au cours des 120-140 ans objets du présent ouvrage mais ceci n'entrainera pas d'augmentation appréciable du nombre de ses magasins. Ceci est déjà vrai pour les cinquante premières années objets de ce chapitre, cela le restera ensuite, même si ce n'est que dans une moindre mesure, par la suite, et ce pour une raison déjà évoquée : dès 1860, la rue est complètement bâtie, et plus de 90% des rez-de-chaussées sont déjà des magasins. Toute modification ne pourra donc se faire qu'à nombre presque constant de boutiques, ou plutôt de devantures, les transformations de loin les plus fréquentes étant soit un simple

hôtel de la Folie

Cet hôtel, datant du début du XVIIIe siècle, était situé à l'emplacement des 14 et 16 de la rue de Passy et ne fut détruit que dans les années 1890, au moment du percement de la rue Claude Chahu. Il était un des derniers vestiges des hôtels seigneuriaux qui avaient bordé le nord de la rue de Passy.

changement du titulaire du droit au bail (pour parler un langage moderne) sans modification de l'activité commerciale proprement dite, soit modification des deux en même temps. La seule possibilité réelle de changement serait, en principe, la démolition d'un immeuble pour le remplacer par un nouvel édifice mais ceci ne modifie guère, en fait, ce schéma : on retrouve généralement, après reconstruction, le même nombre de boutiques qu'auparavant. Par ailleurs, ce remplacement est relativement rare. En effet, si la rue de Passy contient une centaine d'immeubles, on n'en reconstruit que 12, soit à peine plus de 10%, entre 1860 et 1900. Et le percement de la nouvelle rue Claude Chahu, entre les n°s 16 et 18, avec deux immeubles bâtis à la place de l'ancien hôtel de la Folie ne va pas augmenter les surfaces commerciales. La période 1900-1910, époque du plus grand développement du quartier, est à peine différente : démolition de 8 vielles maisons pour les remplacer par autant de nouveaux immeubles de type Haussmannien-XVIe arrondissement, au début de la rue de Passy, et percement de deux nouvelles rues, la rue Chernoviz et la rue Massenet, (avec, en angle, à chaque fois, un immeuble dans ce même style Hausmannien). Tout cela ne représente qu'un assez faible taux de renouvellement de l'habitat, donc de possibilité de transformation, de l'ordre de 22% en un demi-siècle! L'accroissement des surfaces commerciales ne pourra donc se faire, au moins à cette époque, que par l'intermédiaire des quelques maisons qui n'en possèdent pas encore, mais surtout par l'absorption des arrières boutiques des magasins déjà existants, avec déplacement de leurs occupants vers d'autres lieux d'habitation, souvent un étage plus élevé du même immeuble.

Ce chapitre est consacré à la période 1861-1911. Cette dernière date peut paraître un peu arbitraire, mais elle correspond, en fait, à un moment charnière à trois points de vue. D'une part, c'est à la fin de celle-ci que la rue de Passy devient le centre de gravité d'un ensemble commercial classique de proximité, appelé simplement « Passy ». Celui-ci s'est développé,

la Place de la Mairie en 1864

La Mairie de Passy, située au n° 67 de la rue devient celle du XVIe arrondissement en 1860, et le restera jusqu'en 1867, date où elle déménage. Le bâtiment n'a alors que deux étages et n'a pas de fenêtres donnant sur la Place elle-même.

pendant les cinquante années qui précèdent au double rythme de l'augmentation de la population locale et de l'accroissement important de son niveau de vie, qui s'est traduit, en particulier, par un accroissement notable du standing de ses magasins. D'un autre coté, 1911, c'est l'immédiat avant-guerre, et la guerre de 1914-1918 va représenter une sorte de rupture dans le développement du quartier : après la fin de la Grande Guerre, sa population va continuer à croître, mais à un rythme nettement moins soutenu qu'auparavant. L'époque 1910 est enfin un peu symbolique de la modification progressive du commerce de la rue en ce sens que ce n'est que quelques années auparavant que se sont ouverts deux magasins d'habillement, bien modestes encore, mais qui commencent déjà à développer une nouvelle clientèle en lui proposant un choix de produits de qualité inconnue jusqu'alors en dehors du centre de Paris, les magasins de « nouveautés ». Ces deux magasins, la maison Jacob (qui s'appellera ultérieurement Halphen) et les galeries Parisiennes (la future maison Franck et fils) sont, en fait, les précurseurs d'une évolution commerciale qui se continuera jusqu'à la fin du 20e siècle.

Commençons par l'aspect purement démographique et géographique de ce développement. Pour le seul quartier de la Muette, qui englobe le village de Passy et qui contiendra, jusqu'en 1876, sa Mairie au n° 67 de la rue de Passy, la population fait plus que tripler en 50 ans, 12 800 habitants en 1861 et 42 000 en 1910, d'après les chiffres publiés par l'APUR. Ce quartier Muette (cf. plan page 42) est limité, au sud-est par la Seine, au sud-ouest par la partie basse de la rue de Boulainvilliers, celle qui longe l'actuelle Maison de la Radio puis par la rue de l'Assomption et les Fortifications, au nord par l'avenue de l'Empereur, l'actuelle avenue Henri Martin et enfin, au nord-est, par le Jardin du Trocadéro. Le village est, au moment du rattachement de Passy à Paris, le centre d'achalandage le plus important du quartier, quoique, simultanément, se développent, au pied d'immeubles généralement construits au milieu du 19e siècle, d'autres petits centres commerciaux; ceux-ci vont jouer un rôle purement local mais important dans l'activité commerçante du quartier. Ces derniers sont localisés : au voisinage immédiat du carrefour de la rue de la Tour et de la partie de la rue Vital qui s'appelle encore, à cette époque, la rue des Carrières; du carrefour de la même rue et de la rue de la Pompe dans le nord du quartier; du carrefour de la rue du Ranelagh avec la future avenue Mozart, dans sa portion alors appelée rue de la Glacière, au sud-ouest; enfin au carrefour Boulainvilliers-Assomption au sud. Cependant, ces centres ne sont formés, à chaque fois, que de quelques boutiques qui ont pour vocation de satisfaire les besoins alimentaires de base (boulangerie, boucherie, épicerie, au départ, avec, donc un seul magasin par profession, ultérieurement crèmerie et marchand de fruits et légumes, sans oublier les marchands de vin), accompagnées, cependant, vers les années 1900-1910, d'un ou deux autres magasins non alimentaires (chaussures ou horlogerie, par exemple). La localisation de ces petits centres est indiquée par des croix sur le plan de la page 42 obtenu à partir du Plan de Paris édité par la librairie Hachette en 1870, les limites du quartier y ayant aussi été reportées. Par ailleurs, la rue de l'Annonciation étant étroite et possédant une structure originellement destinée à la satisfaction des besoins du seul Village, c'est naturellement rue de Passy que va se faire la transformation, quoique relativement modeste encore, du paysage commercial du quartier.

Cette évolution va être étudiée à travers deux séries de tableaux, tous deux obtenus grâce au Bottin du Commerce de la Seine. La première a été construite grâce aux volumes consacrés aux commerces par rue. Ces volumes ont permis d'établir, tous les cinq ans, une liste de tous les commerçants de la rue de Passy, et cette liste est donnée, in extenso, dans l'annexe 2 [2].

2 - Cette liste, classée par adresse (n^{os} pairs d'une part, n^{os} impairs de l'autre) pour tous les immeubles de la rue est donnée sur le site. Elle est divisée en trois parties, correspondants respectivement aux chapitres 3, 4, et 5 de ce travail. Pour chaque adresse, l'ordre indiqué pour les différents commerces

C'est à partir de cette dernière qu'ont été construits les tableaux IIa, IIIa, et IVa, qui correspondent aux professions qui paraissent être les plus représentatives du commerce de cette rue. Ce tableau détaille l'évolution de ces commerces dans la rue elle-même. Les tableaux IIb, IIIb, et IVb, ont été obtenus à partir d'une autre série de volumes du même Bottin, qui recense ces commerces par profession, cette fois, et pour toute la capitale. Cette deuxième série de tableaux a été établie en se limitant à la considération des données concernant le seul quartier de la Muette et aux seules années correspondant au début (1861) et la fin (1911) de la période décrite ici, en s'intéressant aux mêmes commerces que ceux retenus pour les tableaux de la série « a ». Dans cette deuxième étude, on a classé les commerces retenus en trois catégories, suivant que leur boutique est située rue de Passy elle-même, en son voisinage immédiat, ou dans le reste du quartier. Ceci permet de bien différencier l'évolution commerciale de la rue elle-même de celle de l'ensemble du quartier.

Les commerces choisis ont été classés en trois groupes :
- un commerce traditionnel, correspondant à des besoins quotidiens pour lesquels le nombre de boutiques devrait suivre, dans le tableau IIa, plus ou moins strictement l'évolution démographique du quartier, ce qui n'est visiblement pas toujours le cas. Les corrections à cette vision simpliste apparaissent alors dans le tableau IIb ;
- un commerce qui, démographiquement et en terme de besoins quotidiens, devrait avoir les mêmes caractéristiques que le précédent, mais qui ne se développera, en fait, qu'à la suite de changements de l'environnement économique et/ou des habitudes alimentaires (tableaux IIIa et IIIb) ;
- un dernier type, correspondant à des besoins moins immédiats, et qui, eux aussi, vont se transformer, au fil des ans,

est purement arbitraire en ce qui concerne les deux premières époques ; en revanche, pour la dernière, certains documents complémentaires ont permis d'établir, en général, l'ordre dans lequel on rencontrait ces magasins en parcourant la rue de Passy dans le sens des numéros croissants

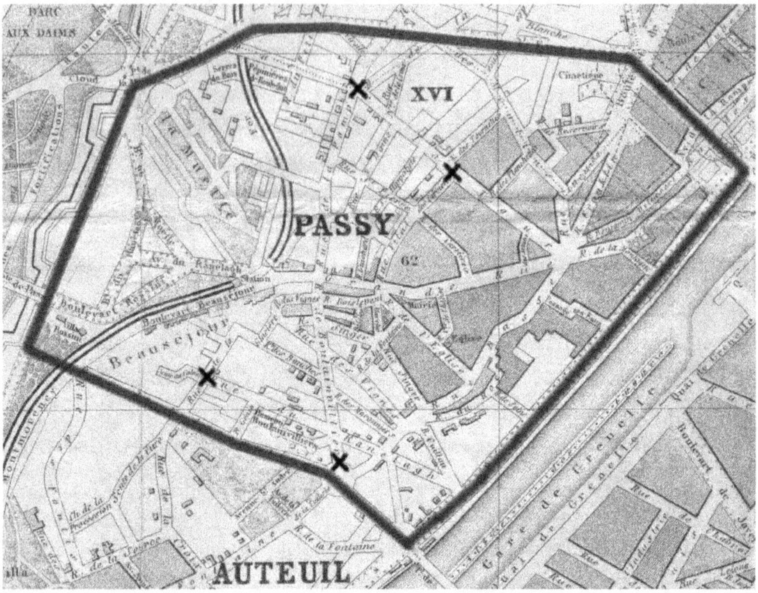

le quartier de la Muette en 1870

-Les limites du quartier sont indiquées par un trait continu. Celles-ci sont : au sud-est, les quais de la Seine, ensuite, au sud-ouest, la fin de la rue de Boulainvilliers, puis la rue de l'Assomption, suivies, plus au nord, par ce qui deviendra le boulevard des Maréchaux. La limite nord du quartier est formée par l'avenue de l'Empereur, la future avenue Henri Martin, dont le début est situé place du Trocadéro. Cette limite traverse, enfin, le jardin du même nom, depuis la place jusqu'à la Seine.
-Les différents centres commerciaux annexes sont indiqués par des croix. Dans le sens utilisé dans le texte, ils sont situés : Le plus à l'est, au carrefour de la rue de la Tour et de la rue Vital. Au nord-ouest de celle-ci, au carrefour de la rue de la Tour et de la rue de la Pompe. Dans le sud, au carrefour de la rue du Ranelagh et de la future avenue Mozart. Au sud-est de celui-ci, au carrefour Boulainvilliers-Assomption.

avec les façons de vivre et les goûts de la population (tableaux IVa et IVb).
Ce sont ces trois groupes qui vont être maintenant étudiés.

l'alimentation

Commençons par regarder l'évolution des commerces purement alimentaires, puisque c'est sur eux que devrait s'exercer, a priori, de façon la plus immédiate, la pression démographique. Ce groupe (cf. tableaux IIa et IIb) comprend d'abord les bouchers, les boulangers et les charcutiers. Dans ces trois cas, le nombre global de boutiques augmente, rue de Passy, comme on pouvait s'y attendre, à un rythme assez analogue à celui de la population globale du quartier [3], quoiqu'il croisse plus rapidement dans les petits centres auxiliaires, comme le montre le tableau IIb. Une autre caractéristique, que l'on peut bien suivre à l'aide des données détaillées sur l'évolution du commerce de la rue de Passy données dans l'annexe 2, est la stabilité géographique de ces boutiques : dans ces trois professions, les magasins changent souvent de propriétaires, mais très rarement d'emplacement. Par exemple, deux boulangeries, aux n°s 39 et 79 de la rue, restent au même endroit entre 1861 et 1911 mais elles connaissent, respectivement, 5 et 7 propriétaires différents. Il en est de même pour deux boucheries, aux n°s 17 et 73 avec, respectivement, 7 et 5 propriétaires ou pour deux charcuteries, aux n°s 4 et 44 (respectivement 7 et 6 propriétaires). Cette stabilité a, au moins, deux raisons. L'une est purement technique : il s'agit de professions nécessitant des installations particulières, fours pour les boulangers, chambre « froide », ou au moins « fraiche », dès 1860 pour les bouchers, en plus d'une cuisine pour les « charcutiers », comme on l'écrivait au Moyen Age. La deuxième raison est plus de coutume, d'habitude : ce sont

3 - Et ceci est vrai d'une façon plus générale, pour toute la capitale : le rapport entre le nombre de boutiques d'un type donné (boucherie, boulangerie..) et la population concernée est à peu près le même, que l'on considère le seul quartier de la Muette ou l'ensemble de Paris.

des commerçants chez lesquels on se rend quotidiennement; il ne saurait être question d'en changer sans raison sérieuse. Ces commerçants ont donc une clientèle fidèle, qui fait partie du fonds de commerce, au même titre que l'installation matérielle.
Deux autres points méritent également d'être notés. D'une part, le nombre de bouchers augmente plus vite que celui des boulangers ou des charcutiers et il est très possible que la dissymétrie entre ces trois professions résulte d'un phénomène que l'on retrouve, sous une forme très amplifiée, dans d'autres parties de cette étude : la concentration dans cette rue des commerces les plus rémunérateurs : alors que le pain et la viande de porc forment, à cette époque, la base de l'alimentation, la viande, de bœuf ou de mouton est encore un produit de luxe au milieu du 19e siècle; sa consommation va fortement augmenter pendant ces cinquante années, entrainant une augmentation plus importante des profits pour les bouchers que pour les boulangers ou les charcutiers. Il est alors plus facile aux premiers de s'installer dans une rue aux loyers élevés. D'autre part, l'augmentation du nombre de tels commerces ne peut se faire qu'au dépend d'autres boutiques, qui ferment ou se délocalisent, parfois d'ailleurs en restant au voisinage de cette rue. Ce remplacement ne semble, cependant, suivre aucune règle : les bouchers ou les boulangers se mettent aussi bien à la place de tripiers que de teinturiers ou de marchands de faïence.

Le cas des laitiers, crémiers, ainsi que celui des marchands de légumes, fréquemment appelés aussi fruitiers dans le Bottin du Commerce, est très différent : l'apparition de ces nouveaux commerces provient de la modification de l'alimentation de la population aussi bien que de celle de l'environnement économique. En 1910, on consomme beaucoup plus de produits laitiers qu'en 1860, alors que le nombre de fermes a diminué aussi bien dans le XVIe arrondissement que dans la proche banlieue. Il en est de même pour les «vacheries», situées, elles, au cœur de la ville et qui fournissaient auparavant le lait aux parisiens intra-muros : les crèmeries, les laiteries surgissent alors à la fin du 19e siècle, au même rythme, d'ailleurs, rue de Passy que dans tout le reste du quartier. De la même manière, il y a moins de maraîchers qui apportent leurs produits, et les vendent dans la rue : les terres maraîchères proches de Passy sont de plus en plus transformées en espaces constructibles ; le nombre de producteurs peu éloignés du village diminue donc, alors que l'augmentation de la vitesse des transports permet de faire venir de plus en plus loin fruits et légumes aussi bien que produits laitiers. Ceux-ci vont alors se vendre de plus en plus dans des boutiques spécialisées et plus guère au pied des charrettes et des véhicules hippomobiles qui les y amenaient. C'est donc toute une floraison de nouvelles boutiques qui va apparaître rue de Passy au tournant du vingtième siècle, en gros entre 1895 et 1905. Elles doivent donc s'y implanter à la place de magasins plus anciens. Il s'agit alors, parfois, d'autres magasins d'alimentation, (ou de « comestibles » ce qui est fort semblable), la différence entre les anciennes dénominations et les nouveaux commerces ne correspondant pas forcément à une réorientation complète de leur activité, mais impliquant toujours, en fait, un changement de propriétaire. Cependant, la plus importante origine de cette modification de la destination des boutiques est la rénovation des immeubles : dans ce dernier cas, il n'y a alors souvent plus aucun rapport entre les activités commerciales des magasins de l'immeuble avant et après cette opération, comme c'est par exemple le cas pour les n°s 10 ou 52 de la rue de Passy autour des années 1890.

Regardons, enfin, le cas de deux professions, cas très différents entre eux et différents aussi des métiers étudiés jusqu'ici : celui des épiciers et celui des marchands de vin. Le nombre des premiers ne varie pratiquement pas pendant ces cinquante années, et ceci dans tout le quartier, comme le montre le tableau IIb. Il diminue même légèrement dans la seule rue de Passy : trois y disparaissent alors qu'une seule nouvelle boutique s'y ouvre, au n° 44. Mais les sept autres épiceries occupent le même emplacement en 1861 et cinquante ans après; l'absence de croissance de cette profession correspond donc clairement à la diminution de son poids relatif dans l'alimentation, c'est-à-dire à un changement des habitudes alimentaires : les légumes secs, commerce de base de ces magasins, commencent à être remplacés par les légumes frais, surtout dans l'alimentation des milieux aisés. Il existe certainement d'autres raisons de cette stagnation; elles mériteraient d'être étudiées en détail.

Ces changements d'habitude ont une influence encore plus nette, mais opposée, sur le commerce du vin. En 1861, ce commerce n'est pas entièrement réservé aux « marchands de vin » proprement dits : les traiteurs, ou les hôteliers, non seulement servent du vin aux clients qu'ils nourrissent mais ils en vendent aussi à des clients extérieurs qui le ramène chez eux. C'est le cas rue de Passy, où l'un des deux marchands de vin est aussi un traiteur, cela l'est aussi pour l'environnement immédiat de cette rue (3 des 9 boutiques) et pour les établissements plus éloignés où 5 des 9 marchands de vin ne font pas uniquement ce métier. De plus il existe, à cette époque, des marchands qui vendent simultanément du charbon et du vin, que l'on appelle communément les « bougnats », et qui ne sont pas comptabilisés dans cette profession dans le Bottin du Commerce correspondant. Ce métier est donc encore assez mal défini vers les années 1850 et il est, par ailleurs, nettement sous-représenté dans le quartier de la Muette : le nombre total de ces commerçants y est près de deux fois moindre par habitant que dans l'ensemble de la ville de Paris. Ce commerce va se développer de façon foudroyante dans toute la capitale au cours des cinquante années suivantes, en même temps qu'il va se spécialiser. D'une part, les traiteurs, devenus restaurants (voir infra), ou les hôtels, ne vendront plus de vin qu'aux consommateurs de leur établissement; simultanément, le nombre de « bougnats » commence à décroître : le chauffage collectif des nouveaux immeubles remplace petit à petit le chauffage individuel par appartement

	1861	1866	1871	1876	1881	1886	1891	1896	1901	1906	1911
boucher	4	5	5	3	7	7	7	8	10	12	12
boulanger	2	3	4	2	3	5	6	6	6	6	7
charcutier	2	3	4	4	4	4	4	4	4	4	4
épicier	10	11	8	9	9	13	9	11	7	6	8
frutier	–	–	1	1	–	–	1	3	4	5	4
laitier	–	–	–	–	–	1	1	5	8	11	9
marchand de vin	5	8	12	11	11	13	14	16	17	19	16

	1861			1911		
	rue de passy	voisinage	autre	rue de passy	voisinage	autre
boucher	4	2	–	12	5	10
boulanger	2	2	1	7	2	7
charcutier	2	–	1	4	3	4
épicier	10	9	12	8	9	19
frutier	–	–	–	4	13	6
laitier	–	–	–	9	9	11
marchand de vin	4	10	6	16	36	37

tableau IIa / IIb

Evolution du nombre des commerces d'alimentation les plus représentatifs de la rue de Passy entre 1861 et 1911.

Comparaison du nombre des commerces d'alimentation les plus représentatifs, entre les années 1861 et 1911, suivant leur localisation dans le quartier de la Muette.

et demande une organisation différente du commerce du charbon. D'autre part, une spécialisation commence à voir le jour, avec la formation, à côté du commerce traditionnel, de sociétés à succursales multiples qui vendent du « vin en bouteille ». La plus connue est la société Nicolas, qui aura, en 1911, une douzaine de magasins dans tout Paris (dont un rue de Passy, et un autre dans le haut de l'avenue Mozart) et autant dans la proche banlieue, mais il en existe bien d'autres qui, par la suite, vont soit disparaître soit fusionner entre elles. Au total, en 1911, il y aura cinq telles enseignes dans le quartier dont quatre localisées rue de Passy. Ceci n'empêche cependant pas la vente du vin par des commerçants individuels de se développer aussi très rapidement ; c'est vrai rue de Passy, comme le montre le tableau II, aussi bien que dans le reste du quartier, cf. tableau IIb. Cette explosion est telle que, contrairement aux autres commerces, celui du vin pourra être représenté par plusieurs boutiques dans chacun des centres auxiliaires indiqués sur le plan de la page 42 : il y en aura, par exemple, quatre aux alentours du seul carrefour avenue Mozart, rue du Ranelagh en 1911.

Le commerce de vin représente donc un cas singulier de notre étude de ce type de commerces. Il ne l'est cependant pas dans leur installation Comme dans le cas des fruitiers et des crémiers, les marchands de vin remplaceront n'importe quelle autre boutique, à l'exception des magasins correspondant à des professions alimentaires très stables (boulangers, charcutiers, ou épiciers, et, dans une moindre mesure, bouchers). Les marchands de vin, les commerçants individuels comme les succursalistes, vont s'installer aussi bien dans les immeubles qui se rénovent qu'à la place de marchands de meubles ou de literie, d'ébénistes, ou de quincaillers, les nouveaux magasins d'alimentation, fruitiers ou laitiers, étant, par ailleurs, en concurrence avec les marchande de vin dans la recherche de nouveaux emplacements.

la vie courante non alimentaire

Deux autres catégories d'activités sont discutées dans les tableaux III et IV. La première, un peu fourre-tout à vrai dire, correspond à la vie courante non alimentaire des habitants du quartier, alors que la satisfaction de leurs besoins vestimentaires formera la deuxième. Neuf exemples ont été choisis pour le premier groupe, ils sont représentatifs de la diversité de ces métiers en même temps que de la situation un peu particulière du quartier de la Muette et leur étude est résumée dans les tableaux IIIa et IIIb. Les quatre premiers correspondent à la vie ordinaire, mais non quotidienne, de la maison ou de ses habitants : les quincaillers et marchands de couleurs, les horlogers, les marchands de tabac, et les pharmaciens. Leur nombre augmente dans le quartier de la Muette, mais pas, ou peu, dans la rue de Passy ; à mesure que se développent les centres de commerce alimentaire annexes, c'est en leur voisinage que vont apparaître ces nouveaux magasins. Cependant, contrairement au cas des marchands de vin étudié plus haut, il n'y aura jamais, dans ces centres, plus d'un représentant de la profession correspondante et, de plus, ces professions ne seront jamais simultanément toutes présentes : ce type d'implantation caractérise bien des centres commerciaux annexes, qui ne cherchent qu'à satisfaire les besoins d'une clientèle purement locale. Autre caractéristique, l'augmentation du nombre de ces commerces est, dans la majorité des cas, plus importante aux alentours de la rue de Passy que dans le reste du quartier. Ce deuxième aspect correspond à une logique commerciale élémentaire : le nombre de ces boutiques doit croître avec l'augmentation de la population mais les commerçants concernés souhaitent, individuellement, avoir la plus grande clientèle possible donc être, autant que peut, proches de ce qui commence à être un pôle commercial d'attraction. Comme il n'existe d'emplacements libres dans cette rue qu'à des prix très élevés, c'est dans son environnement immédiat qu'ils vont chercher à s'installer.

	1861	1866	1871	1876	1881	1886	1891	1896	1901	1906	1911
blanchisseuse	–	–	1	1	–	–	–	–	1	2	1
coiffeur	–	2	2	4	3	3	3	4	4	3	3
horloger	3	3	3	2	3	3	3	2	2	2	3
limonadier, café	3	4	5	3	3	4	2	2	3	4	3
pharmacien	4	4	4	4	5	5	6	7	6	6	6
quincailler, couleurs	2	2	2	2	2	3	3	2	3	3	2
tabac	2	3	2	2	3	3	3	3	2	2	2
teinturier	2	2	2	3	2	4	4	4	6	4	4
traiteur, restaurant	2	3	5	4	4	5	3	3	–	–	–

	1861			1911		
	rue de passy	voisinage	autre	rue de passy	voisinage	autre
blanchisseuse	–	–	–	1	18	16
coiffeur	–	–	–	3	9	4
horloger	3	1	–	3	7	3
limonadier, café	3	2	2	3	3	7
pharmacien	4	–	–	6	5	6
quincailler, couleurs	2	1	–	3	2	3
tabac	2	1	3	2	2	4
teinturier	2	1	1	4	15	9
traiteur, restaurant	2	1	14	–	1	2

tableau IIIa / IIIb

Evolution du nombre des commerces les plus représentatifs liés à la vie courante dans la rue de Passy entre 1861 et 1911.

Comparaison du nombre des commerces les plus représentatifs liés à la vie courante, entre les années 1861 et 1911, suivant leur localisation dans le quartier de la Muette.

Les deux exemples mentionnés ensuite dans ces tableaux correspondent à des professions qui « explosent » : les teinturiers et les blanchisseuses (sic). Toutes les deux étaient quasiment absentes en 1861, aussi bien rue de Passy que dans l'ensemble du quartier. Leur développement correspond à un changement d'habitudes : l'hygiène se répand et on éprouve, beaucoup plus qu'auparavant, un besoin de propreté, pour le linge de maison aussi bien que pour les vêtements que l'on porte. L'augmentation du nombre de blanchisseuses et de teinturiers est donc beaucoup plus rapide que celle de la population. Et ce nouveau besoin est tel que la localisation de la boutique est, ici, de faible importance : celle-ci s'installera assez communément loin non seulement de la rue de Passy mais aussi des petits centres d'achalandages annexes. Notons qu'il en est de même, pour une troisième profession liée à cette vie courante : celle des coiffeurs. Il s'agit d'une activité qui doit suivre la démographie du quartier, mais qui ne nécessite guère de visibilité particulière : pourquoi s'installerait-on rue de Passy ou dans tout autre emplacement où le prix des boutiques est élevé ? Le tableau IIIa montre qu'on le fait malgré tout un peu dans cette rue, mais l'étude de la localisation du reste des coiffeurs ne montre guère de corrélation avec les autres centres d'activité commerciale : un coiffeur installe son salon, en général, là où il trouve un emplacement bon marché. Il faut cependant distinguer entre les clientèles masculines et féminines : le nombre de coiffeurs pour femme augmente aussi vite que la population. Cette augmentation est nettement moins forte pour les hommes ; ils travaillent fréquemment dans le centre de Paris et c'est là, de préférence, qu'ils se feront tailler barbe ou cheveux.

Les deux derniers exemples discutés sont d'un type encore différent : ce sont des commerces qui sont absents de la rue de Passy en 1861, et qui le resteront tout au long de cette période. Ce sont les limonadiers (en 1861), qui deviennent cafés-limonadiers ou cafés-bars en 1911, ainsi que les traiteurs (en 1861), appelés plus tard restaurants. C'est la sociologie du quartier

qui rend particulier ces deux cas : ces commerces sont liés au reste de l'activité (travail ou loisir) de l'endroit où ils se sont implantés. En 1861, il y a bien, dans ce quartier de la Muette, quelques limonadiers (7) et nettement plus de traiteurs (16), mais ils se sont presque tous installés en bord de Seine ; ils sont, en partie, une survivance de l'activité thermale du début du 19e siècle : en 1860, les bords de Seine sont encore hospitaliers, et l'on continue à venir s'y rafraichir, ou à manger au bord de l'eau, la tradition liée à l'ancien thermalisme perdure. Par ailleurs, à cette époque, les berges de la Seine ont encore une importante activité de transport : les péniches y arrivent, on les charge et on les décharge ; les ouvriers, les manutentionnaires, forment une clientèle qui vient se rafraichir après le travail pendant que les patrons des péniches se restaurent au voisinage. En revanche, rien de telle sorte n'attire, rue de Passy, et ces activités de limonadiers et de traiteurs ne se développent pratiquement pas. Cinquante ans après, la situation a beaucoup changé : les bords de Seine ne sont plus attirants, et le port est nettement moins actif (on a construit le pont de Bir-Hakeim au début du 20e siècle). Toute l'activité liée au fleuve périclite donc. Cependant, les limonadiers ou les cafés ne vont pas s'installer rue de Passy puisqu'il n'y a pas de bureaux ou d'ateliers qui leur amèneraient une clientèle. Le cas des restaurants est un peu différent car ils sont plus liés à une activité de loisirs : ils vont donc disparaître du bord de Seine qui n'est plus attractif mais ne vont pas s'installer rue de Passy qui ne l'est pas plus. C'est, par contre, le Bois de Boulogne, qui s'est ouvert au public en 1861, qui le devient. Il va donc s'y installer différents restaurants, dans le Bois, et aussi dans ses alentours ; c'est pourquoi on trouve de nouveaux restaurants, non pas rue de Passy, mais près de celle-ci, à l'entrée du Bois, deux chaussée de la Muette, un autre dans le jardin du Ranelagh.

l'habillement

Venons-en, pour finir, à l'habillement, surtout féminin, qui va devenir, cent ans plus tard, le symbole de cette rue. L'image qui ressort des deux tableaux IVa et IVb déjà cités ne laisse guère présager un tel avenir ! Il y a à cela une très bonne raison. Cet ouvrage s'intéresse principalement à des activités commerçantes, c'est-à-dire à des activités dans lesquelles c'est le rapport entre l'acheteur et le vendeur qui est l'aspect le plus important. Or, encore en 1911, et a fortiori avant cette date, l'habillement aussi bien masculin que féminin, dès qu'il s'agit d'un vêtement de qualité, le seul qui corresponde à la clientèle du quartier, est essentiellement fabriqué de manière artisanale, par un tailleur ou par une couturière, souvent sans aucun employé. Une telle activité ne nécessite pas de boutique ; elle peut parfaitement s'exercer dans un logement, même d'assez petite taille. Elle est, cependant, l'amorce de ce que deviendra une grande partie du commerce d'habillement dans les années suivantes et doit donc être étudiée ici. Par ailleurs, les vêtements ne représentent qu'une part, importante certes mais non exclusive, de ce commerce. Pour cette raison, la présente section est divisée en deux parties : la première s'intéresse aux activités qui correspondent à des boutiques traditionnelles, et la deuxième à celles qui s'exercent principalement en appartement.

Le premier groupe correspond aux merceries (et aux lingeries, car ces deux activités se recouvrent alors très largement), aux marchands de chaussures et, vers la fin de l'époque étudiée ici, à certaines boutiques de nouveautés. Les premières vendent essentiellement des sous-vêtements féminins et, en 1851, ces boutiques ont, à Passy, deux caractéristiques. D'une part, elles sont beaucoup plus représentées que dans n'importe quelle autre commune absorbée dans le nouveau Paris d'Haussmann : dans la plupart de ces dernières, leur nombre est inférieur à 5, alors qu'il y en a 18 dans le village de Passy ; à cette époque, la population de ce dernier, aussi bien que le public qui le fréquente, sont en avance sur leur temps en ce qui concerne ce secteur de l'habillement. D'autre part, dans ce quartier de la Muette, seule la moitié des boutiques sont installées rue de Passy; l'autre moitié se trouve dans son voisinage immédiat, alors qu'en dehors des épiceries et des marchands de vin, la prééminence de cette rue est très nette pour toutes les boutiques des tableaux IIb, IIIb, et IVb. Cinquante ans après, le déséquilibre s'est encore accentué : cette profession a quasiment disparue de la rue de Passy pendant que le nombre de ces boutiques s'est accru, dans l'ensemble du quartier, au même rythme que l'augmentation de la population. En outre, on constate une bien plus grande dispersion géographique des boutiques que pour la plupart des autres commerces : un peu comme pour les coiffeurs, cette activité de lingerie ne nécessite pas une grande visibilité; les boutiques peuvent s'installer sans encombre en n'importe quel endroit du quartier.

Ce n'est pas le cas pour les marchands de chaussures (masculines autant que féminines). Totalement concentrées rue de Passy en 1861, le nombre de ces boutiques suit bien l'évolution démographique du quartier mais les nouveaux magasins vont s'installer uniquement au voisinage de cette rue ou dans quelque autre centre d'achalandage; cinquante ans après, leur nombre n'a donc guère augmenté rue de Passy mais toutes ont changé d'emplacement, et pour la plupart aussi d'exploitants. Par ailleurs, un peu comme pour le commerce de vin, c'est dans cette seule rue que l'on trouvera les marchands succursalistes, comme Raoul, (ou, dans les années qui suivent immédiatement, comme Mansfield) car ce sont eux qui disposent d'assez de fonds pour acheter un emplacement commercial bien visible. Les autres vont ouvrir leur nouveau magasin dans le reste du quartier.

Enfin, comme déjà mentionné au début de ce chapitre, c'est au tout début du siècle que s'installent deux magasins de nouveautés d'un style totalement nouveau pour ce quartier. Ils vendent des vêtements féminins de qualité, dont la fabrication n'est plus réalisée par quelques couturières mais à partir de modèles pouvant être déclinés en tailles différentes. Ces deux boutiques s'ouvrent, côte-côte, au milieu de la rue de Passy. Elles sont encore de taille bien modeste à la fin de la période étudiée ici, ignorantes de l'effet d'entrainement qu'elles vont avoir ultérieurement.

En revanche, c'est surtout l'explosion de la fabrication artisanale de robes (les couturières) et de chapeaux (les modistes) qui caractérise l'évolution de cette activité dans le quartier, comme le montre le tableau IVb. Presque totalement absentes de celui-ci en 1861, ces deux professions représentent respectivement 31 et 23 localisations différentes cinquante ans après, un nombre plus élevé, au total, que toute autre profession, marchands de vin exceptés. Mais, comme pour les magasins de lingerie et de mercerie, et pour des raisons analogues, elles sont presque totalement absentes de la rue de Passy et se dispersent dans d'autres rues qui ne sont pas forcément très commerçantes et sont aussi bien proches qu'éloignées de cette artère principale.

En résumé, pendant ces cinquante premières années, le rôle de la rue de Passy s'est totalement transformé; son influence a totalement supplanté celle de la rue de l'Annonciation, dont le commerce n'a guère évolué durant toute cette période. L'augmentation par un facteur supérieur à trois de la population a nécessité la création de petits centres commerciaux annexes et le développement du commerce dans le voisinage de ce qui est devenu l'artère principale de Passy. Simultanément, l'évolution du commerce a progressivement amené la concentration, voire l'établissement, dans cette seule rue, des activités les plus lucratives, les autres émigrant dans son voisinage ou se localisant en partie dans de nouveaux centres de tailles beaucoup plus modestes : ce n'est pas un hasard si les succursalistes en vin se retrouvent (presque) tous dans cette rue et qu'il en est de même pour les sociétés de vente

	1861	1866	1871	1876	1881	1886	1891	1896	1901	1906	1911
chaussures	4	7	6	5	6	6	8	7	9	7	6
couturière	2	1	1	1	2	2	2	7	3	3	3
lingerie, mercerie	8	9	8	10	8	6	4	6	3	2	2
modes	1	1	1	1	–	1	1	3	2	3	–
nouveautés	–	–	–	–	–	–	–	–	1	2	2

	1861			1911		
	rue de passy	voisinage	autre	rue de passy	voisinage	autre
chaussures	4	–	–	6	2	5
couturière	2	–	–	3	13	14
lingerie, mercerie	8	8	1	2	13	8
modes	1	1	1	–	11	5
nouveautés	–	–	–	2	–	–

tableau IVa / IVb

Evolution du nombre des commerces, ou des artisans, les plus représentatifs liés à l'habillement dans la rue de Passy entre 1861 et 1911.

Comparaison du nombre des commerces, ou des artisans, les plus représentatifs liés à l'habillement, entre les années 1861 et 1911, suivant leur localisation dans le quartier de la Muette.

de chaussures, mais aussi pour les banques de dépôt : aucune n'était présente, bien sûr, en 1861; cinquante ans après, les quatre plus importants établissements de la place de Paris y ont des guichets, deux dans la rue elle-même, les deux autres dans les deux immeubles tous neufs situés à l'entrée de la chaussée de la Muette, cette large avenue qui prolonge directement cette rue vers le Bois de Boulogne et est aussi l'un des points où convergent la plus grande partie des moyens de transports qui amènent vers cette rue.

les transports

Car, et c'est le dernier point que l'on va évoquer dans ce chapitre, pendant ces cinquante ans, l'accessibilité de la rue de Passy s'est remarquablement améliorée. Rappelons qu'au moment de son rattachement à la capitale, en 1860, il n'existait qu'une seule ligne d'omnibus, bien sûr hippomobile, qui reliait ce village au centre de Paris. Elle partait de la place de Passy, suivait la rue du même nom, descendait ce qui s'appellera par la suite le Boulevard Delessert, puis se dirigeait vers la Seine en empruntant la rue Beethoven (qui est alors appelée la rue de la Montagne, ce qui indique bien à quel point elle était pentue !) puis suivait la Seine jusqu'au Louvre. Dès 1861, une nouvelle ligne d'omnibus, la ligne AB, vient doubler cette première ligne A. Elle part de la même place de Passy et, par la rue Guichard et un cheminement un peu compliqué, rejoint l'avenue Victor Hugo, puis la place de l'Etoile pour se terminer place de la Bourse, via l'avenue Friedland, et la place de la Madeleine. Passy est donc, dès cette époque, relié directement au centre du commerce et des affaires que représente le terminus de cette ligne.

Quelques années plus tard, le centre de l'activité de transport de Passy va se déplacer de la place de Passy à l'entrée de la chaussée de la Muette, quelque deux cent mètres plus loin, grâce à trois nouveautés :

la Place de Passy en 1903

En plus des omnibus à chevaux de la ligne A, dont cette place n'est plus le terminus mais un des arrêts entre Auteuil et la place de la Madeleine, cette photographie montre, à droite, le nouvel aspect de l'ancienne Mairie de Passy. Un troisième étage a été construit, la façade sur la Place a été allongée et des fenêtres donnent maintenant sur celle-ci ; enfin, la pâtisserie- confiserie Coquelin a ouvert sa boutique au pied de l'immeuble, au coin de la Place et de la rue de Passy.

- D'une part, la ligne A va être prolongée vers le sud-ouest, en empruntant la rue de Boulainvilliers puis la rue La Fontaine pour rejoindre Auteuil : la place de Passy n'est plus son terminus, et la chaussée de la Muette, comme cette place, en deviennent de simples arrêts. Notons que le trajet vers le centre de Paris est aussi profondément modifié : il passe maintenant par la rue Franklin, la place du Trocadéro et celle de l'Etoile pour se terminer, par un chemin un peu différent de la ligne AB, à la place de la Madeleine.

- Ensuite, deux lignes de tramway, à traction hippomobile au début, comme les deux lignes précédentes, vont avoir comme terminus cette même chaussée de la Muette. L'une, la ligne TN, va passer par la porte de la Muette, pour rejoindre aussi la place de l'Etoile et se terminer rue Taitbout. L'autre, la ligne TJ, va emprunter, comme la ligne A, la rue de Passy, mais elle traverse à mi pente les jardins du Trocadéro, pour remonter place d'Iéna, avant de rejoindre la Seine au pont de l'Alma, puis la suivre jusqu'à la cour carrée du Louvre. Elle remplace en quelque sorte l'ancienne ligne A, tout en évitant la terrible pente de la rue de la Montagne.

- Enfin, l'Exposition Universelle de 1900 va créer une dernière liaison, entre le voisinage de la chaussée de la Muette et, cette fois, le Champ de Mars et l'esplanade des Invalides, donc vers l'autre rive de la Seine. Depuis 1861, la Petite Ceinture, la ligne de chemin de fer qui entoure maintenant Paris, a absorbé dans son tracé l'ancienne ligne qui reliait Auteuil à la gare Saint Lazare, avec une gare, la gare de la Muette, au bout de cette chaussée. On décide, pour ce grand évènement, de relier cette Petite Ceinture aux lieux où se tient cette Exposition, grâce à un embranchement situé au nord de la gare précédente : une nouvelle ligne en part, qui descend la colline de Passy, franchit la Seine à l'ouest de ce qui sera bientôt le Pont de Bir Hakeim pour suivre la rive gauche jusqu'aux Invalides, traversant ainsi toute la partie de la rive gauche où se trouve cette Exposition. C'est la première liaison ferroviaire qui relie, hors ce chemin de fer de ceinture, les deux rives de la Seine.

L'autre extrémité de la rue de Passy a été un peu délaissée dans ce développement, mais elle prend finalement sa revanche : dès 1904, la ligne 2-sud (l'actuelle ligne 6) du métro, dont la construction vient de démarrer, relie la place de l'Etoile à la station Passy, qui est située 100 m en dessous de l'extrémité est de cette rue. Et il ne faudra attendre ensuite que deux ans et demi pour que cette ligne traverse la Seine et aille jusqu'à la place d'Italie.

En d'autres termes, en 1911, grâce aux moyens de transport qui passent par ses deux extrémités, ou qui la traversent de part en part, la rue de Passy est reliée à l'ensemble de Paris. Des omnibus et des tramways vont directement de Passy aussi bien au quartier des affaires situé au voisinage des Grands Boulevards qu'au centre même de Paris. Une ligne de métro la relie aussi au sud de la capitale tandis que la nouvelle ligne de chemin de fer permet d'atteindre directement l'esplanade des Invalides. D'autre part, cette rue a, pendant les soixante années 1851-1911, profondément transformé la structure de son commerce, élevant sensiblement le «standing» de celui-ci. Elle est prête pour un nouveau développement.

CHAPITRE 4
l'entre-deux guerres

Ce chapitre s'intéresse aux quarante années, 1911-1951, qui entourent les deux guerres mondiales. A l'opposé de 1911 qui marque, sans qu'on le sache encore à ce moment, la fin d'une expansion qui paraissait alors ne pas devoir s'arrêter, 1951 peut être considéré comme la fin d'une période pour l'économie française en général et pour la rue de Passy, en particulier. L'immédiat après-guerre, avec son cortège de séquelles de l'occupation de la France, la dislocation, la destruction, de ses structures de production, les « restrictions », les tickets de rationnement pour les produits alimentaires de base, et aussi pour le textile, et donc aussi le « marché noir » qui va de pair avec ces restrictions, tout cela s'achève ; on désire l'oublier, le plus vite possible. Les préoccupations et les besoins des habitants du quartier de la Muette vont bientôt devenir très différents de ce qu'ils étaient au sortir de la guerre, encore plus de ce qu'ils furent, juste avant la deuxième guerre mondiale et, a fortiori, entre les deux guerres. C'est l'évolution du commerce de cette rue au cours de toute cette période intermédiaire qui est le sujet du présent chapitre.

Une première remarque s'impose. L'évolution démographique du quartier de la Muette ne va plus guère être le moteur de sa transformation. La Grande Guerre a marqué la fin de cette époque. La croissance de la population du quartier ne va bien sûr pas s'arrêter de façon brutale mais le ralentissement est très net. Durant la période 1861-1911, cette dernière avait plus que triplé ; elle ne va plus augmenter que d'un facteur de l'ordre de 1.5 (de 42 000 à 60 000) durant ces quarante années. Les petits centres de commerce de proximité, alimentaires en particulier, qui ont fleuri dans tout le quartier de la Muette, vont pouvoir absorber aisément l'augmentation correspondante de la consommation courante, d'autant plus que c'est souvent en leur voisinage que vont s'installer les nouveaux habitants. Les magasins d'alimentation installés rue de Passy et dans sa proximité immédiate sont en nombre suffisant pour assurer l'approvisionnement de la clientèle locale qui, elle, ne croit plus guère ; le nombre de ces magasins ne va plus augmenter et ils ne seront plus impliqués, que par ricochet pourrait-on dire, dans les modifications de la structure commerciale de la rue.

Ce sont les ressorts de cette modification que l'on va essayer, pour commencer, de mettre en évidence. Ces ressorts sont imbriqués les uns dans les autres, et il n'est pas aisé de trouver un fil conducteur pour les exposer. Il est par contre facile de caractériser l'effet de cette modification sur cette rue, sur son commerce, et sur la réputation de celui-ci : une élévation considérable de son « statut social ». En 1951, une partie notable des clients de ses magasins n'habitent plus dans le voisinage immédiat de la rue de Passy, ni même dans le quartier de la Muette, pendant que l'habitat de cette dernière s'est largement modifié, une nouvelle population, nettement plus aisée, s'y étant installée.

D'une certaine façon, les constructions nouvelles sont un bon marqueur des changements qui s'effectuent durant cette période, parce qu'elles sont, simultanément, liées à son évolution commerciale, et la cause du changement de sa population. Ce sont donc elles qui seront prises pour guide en ce début de chapitre, regroupant ces constructions à travers les professions qui sont impliquées dans ces changements.

les nouvelles constructions

Un bon point de départ est la description de l'ensemble des constructions liées au cinématographe, dont le développement très rapide va, malgré ses vicissitudes, marquer assez profondément, et aussi singulariser, cette rue. Singulariser puisque, à l'exception du Théâtre du Ranelagh, situé au bas de la rue des Vignes, qui, à partir de 1931, va servir aussi, par moment, de salle de cinéma, c'est dans cette seule rue que vont s'établir toutes les salles du quartier. Marquer, c'est ce que l'on va maintenant décrire.

Dès 1912, une salle de projection, appelée Le Passy Cinéma puis, peu de temps après, le Régent se crée au n° 22 de la rue. Elle est située tout au fond de la longue cour d'un immeuble « bourgeois » construit à la fin du siècle précédent sur l'emplacement d'une plus vieille construction, et on accède à cette salle par un couloir qui traverse tout l'immeuble : une simple devanture annonce son existence, ce qui ne modifie en rien l'aspect extérieur de l'immeuble. Cette installation est suivie, moins de quatre ans après, par la construction, presque en vis-à-vis, d'une deuxième salle, le Passy (ou Alexandra, suivant les époques) Palace, située, elle aussi, dans une arrière-cour d'immeuble. Cette salle est moins grande que la première, et est construite partiellement en sous-sol, avec un petit balcon qui n'existe qu'au-dessus de la cour; elle est, cependant, précédée d'une assez vaste entrée qui ne modifie, malgré tout, que la façade du rez-de-chaussée de l'immeuble correspondant. Aucune de ces deux salles ne laissera, par la suite, de traces lors de leur disparition. En 1938, pour la première : elle sera purement et simplement détruite, et le couloir qui menait à cette salle remplacé par un magasin. En 1960, pour la seconde : sa destruction sera liée à celle de tout l'immeuble, qui sera remplacé par un nouvel ensemble, avec d'autres commerces à son rez-de-chaussée et un plus grand nombre d'appartements au-dessus.

le Passy Cinéma en 1913

Ce cinéma, le premier ouvert rue de Passy, au 22, fonctionnera de 1912 jusqu'à la fin des années 1930. Il fermera lorsque son grand voisin, le Royal Passy, ouvrira au 18 de la rue. L'entrée du cinéma, représentée sur cette photographie, sera alors retransformée en magasin, l'immeuble reprenant alors son aspect initial.

Il n'en est pas de même pour la troisième salle, qui apparait presqu'à la même date que la précédente, et sous la même direction que celle du Passy Palace. Son directeur, Mr Cornaglia, loue, au n° 71, un grand terrain sur lequel se trouvait, auparavant, un bar-tabac, terrain qui donne, simultanément, sur la rue de Passy et, à l'arrière, sur la rue Bois-le-Vent. Mr Cornaglia fait construire une nouvelle salle de cinéma, suivant le même principe que celle du Passy Palace, avec parterre et balcon, mais d'une plus grande capacité, l'ensemble s'étendant sur toute la longueur du terrain avec des sorties sur les deux rues. Si ces trois salles sont le premier signe du nouveau rayonnement de la rue de Passy, cette dernière venue, l'Imperia Palace, ne fait, cependant, guère recette et, dès 1931, Mr Cornaglia, devenu entretemps propriétaire du terrain, développe le premier grand projet immobilier et commercial de la rue. Il désire remplacer cette salle par une galerie marchande occupant le rez-de-chaussée et le premier étage d'un immeuble qui doit comprendre, au-dessus, 6 étages d'appartements, certains donnant sur une des deux rues, les autres sur l'autre; la mise au point des ascenseurs électriques modernes rend, en effet, maintenant possible de valoriser ces étages élevés, une grande nouveauté pour une rue où les habitations n'avaient, jusqu'alors, que cinq étages au plus, le dernier étant toujours de moins bon standing que les étages inférieurs. Ce premier projet ne verra cependant pas le jour : la galerie sera, dans le plan définitif, transformée en un étage supplémentaire d'appartements surmontant une importante surface commerciale située au rez-de-chaussée ; celle-ci sera, à l'époque, la plus importante de la rue, cependant que l'immeuble devient le premier signe architectural de sa transformation.

L'apparition du cinéma parlant va, par ailleurs, immédiatement susciter deux expériences d'alliance, à trois cette fois : cinéma-galerie marchande-immeuble d'habitation de grande hauteur. La première opération se situe sur le même trottoir que l'ex Impéria Palace, au n°s 95-97, c'est-à-dire presque au bout de la rue. A partir de 1931 se construit en effet le premier immeuble alliant ces trois ingrédients ; si l'agencement des boutiques reprend la notion de galerie commerçante qui n'avait pas abouti dans le cas précédent, le projet architectural est plus ambitieux que celui qui a prévalu au n° 71, l'immeuble étant de plus grand standing. Par contre, la salle de cinéma, dénommée le Passy, aura une taille plus petite et sera située entièrement dans le sous-sol du bâtiment. Cette salle ne disparaîtra, au profit d'un magasin d'objets d'ameublement, qu'au milieu des années 1980, lorsque la télévision détrônera le cinéma, mais immeuble et galerie marchande subsisteront, signes marquants de l'évolution de cette extrémité de la rue. Le deuxième projet concerne l'autre extrémité de la rue. Il s'agit du Royal Passy, qui commence à se construire en 1935 au nos 18-20, sur un terrain très profond qui jouxte celui sur lequel se trouvait Le Régent (ce qui va, bien sûr, conduire à la disparition de ce dernier dès le début de l'exploitation de la nouvelle salle), et sur lequel existait déjà, au fond, un bâtiment datant du début du siècle. Le projet primitif ne prévoyait que la construction, en façade, d'un Prisunic au rez-de-chaussée et d'une grande salle de cinéma, située au-dessus de ce magasin. Ce projet est cependant amendé dès l'année suivante, pour y ajouter, comme dans le cas de l'ex-Impéria Palace, cinq étages supplémentaires à usage d'habitation, et d'un standing moyen. Cette salle, malgré quelques avatars (une transformation temporaire, pendant une dizaine d'années, en magasin de fourrures), existe toujours ; elle est, en 2015, la seule encore en activité dans le quartier et le grand immeuble qui la surmonte est restée pendant longtemps le plus imposant de cette extrémité de la rue.

La projection de films, associée à d'autres développements techniques, et à de grandes ambitions immobilières, a donc, assez tôt, commencé à modifier la structure de la rue. Deux autres activités commerciales vont participer, elles aussi, à ce mouvement de transformation. La première est la distribution alimentaire : deux grandes enseignes, Julien Damoy en 1925, Félix Potin cinq ans après, en sont les acteurs. La société Julien Damoy avait, depuis le Second Empire, petit à petit développé son activité et c'était, dans le premier quart de ce siècle, l'une des deux plus grandes sociétés intégrées de distribution alimentaire de Paris ; on y trouvait, simultanément, épicerie, charcuterie et vins et, dans une plus faible mesure, fruits et légumes. Cette société va installer, au 1 rue de Passy, une de ses succursales, dans le début des années 1920, au rez-de-chaussée d'un des immeubles qui ont remplacé, au tournant du siècle, les vielles constructions situées entre le n° 1 et le n° 9 bis de cette rue. Il s'agit là d'une concurrence directe à certains commerces d'alimentation de la rue, mais qui n'aura, en fin de compte, qu'un effet limité sur ces derniers. En outre, cette installation, qui n'amènera aucune modification sur le plan architectural, ne sera que de courte durée : ce magasin fermera dès 1940. Il n'en est pas de même pour le deuxième grand groupe de distribution, Félix Potin, qui avait, en fait, vu le jour près de 20 ans avant Julien Damoy. Cette société avait, par ailleurs, une philosophie un peu différente de celle de sa concurrente: fréquemment, elle accompagnait son installation de la construction complète de l'immeuble au pied duquel elle s'installait, avec ses réserves situées en sous-sol. Elle ne dérogera pas à cette habitude lorsqu'elle ouvrira une succursale, tout à la fin des années 1920, au n° 78 rue de Passy. Elle fera donc bâtir, avant même les deux immeubles qui vont la flanquer, un bâtiment de 7 étages dont seul le bas sera consacré à l'alimentation, le reste correspondant à des appartements. Cette société possède, par ailleurs, les mêmes caractéristiques commerciales que Julien Damoy, y adjoignant toutefois un rayon « laiterie », qui concurrencera ainsi encore une autre activité alimentaire de la rue.

Cette extrémité de la rue va connaître, enfin, une troisième et encore plus importante transformation ; celle-ci intéresse, cette fois, les deux ensembles immobiliers qui vont entourer le bâtiment précédent, l'ensemble n°s 80-84 d'une part, le 76 de l'autre. Dès 1929, on construit, à la place du n° 84, un immeuble assez luxueux dont les deux autres façades donnent sur la place de la Muette et sur l'avenue de la Muette, pas encore dénommée avenue Paul Doumer. La Société Générale s'y installe aussitôt, y transportant ses anciens bureaux du 56 de la rue. Peu de temps après, un autre ensemble immobilier se construit au n°s 80-82, en vue d'y créer, sur deux étages et sous le nom de Franck et fils, un magasin de nouveautés qui remplace celui tenu par la famille Franck au 50 de la rue; celui-ci va largement être à l'origine de la transformation ultérieure du commerce de cette rue. Enfin, en 1937, un troisième magasin de nouveautés, Haurès, s'installe au n° 76, là encore sur deux étages, ces deux immeubles possédant chacun, au-dessus des locaux commerciaux, cinq étages d'appartements. Par ailleurs, par une bizarrerie de l'administration, un nouvel alignement avait été décrété, en 1926, par la Ville de Paris, imposant à tous les nouveaux immeubles pairs de la rue situés entre le n°s 60 (la place de Passy) et la place de la Muette un retrait de 8 mètres de leur façade. Ce recul est, techniquement, peu compréhensible puisqu'il intervient sur le côté opposé à celui qui avait été imposé pour le début de la rue de Passy, près de cent ans auparavant : prolongé systématiquement jusqu'à la place de Passy, il aurait abouti à un décrochement important entre les deux tronçons de la rue au niveau de cette place ! Il s'agissait peut-être, en fait, de réaliser un alignement avec les immeubles de la chaussée de la Muette situés sur le même côté de cette rue, juste après la place de la Muette. Cet ensemble représentait, en tous cas, un projet architectural intéressant : une nouvelle ligne de métro, la ligne 9, avait été ouverte en 1920, avec une station appelée « Muette » juste au bout de la rue Passy. Cette ligne et cette station créaient alors une liaison directe entre cette extrémité de la rue et les deux Grands Magasins que sont le Printemps et Les Galeries Lafayette. Une sortie de métro donnant presque directement sur un ensemble homogène d'immeubles neufs et cossus, et sur une rue de Passy large et accueillante, va créer une sorte de continuité entre ces Grands Magasins et ces nouveaux magasins de nouveautés, eux aussi

L'immeuble Félix Potin vers 1935

L'immeuble, le premier du genre dans la rue de Passy, est construit près de l'extrémité ouest de la rue par la société Félix Potin pour y abriter son magasin au rez-de-chaussée, les appartements situés au-dessus étant destinés à la location. Ce magasin, ouvert en 1930, fonctionnera jusqu'en 1960, date à laquelle il sera repris par son voisin, Franck et fils. En 1935, on ne représente plus, sur ce type de photographie, que les dirigeants du magasin et quelques employés.

tournés vers une clientèle aisée et exigeante. Ceci sera, à la longue, une des causes du bouleversement important de l'activité commerciale de la rue.

Notons, pour être exhaustif, la construction de deux autres immeubles de taille analogue durant cette même période, même si leur construction jouera un bien moindre rôle dans l'évolution du commerce de la rue. Un de ceux-ci, au n°s 65, de structure très traditionnelle, subit le recul de façade règlementaire pour ce côté de la rue, mais il gardera le même type d'activité commerciale qu'auparavant, et restera coincé entre deux bâtiments plus anciens, plus proches de la chaussée, qui limiteront fortement sa visibilité. L'autre, de style beaucoup plus moderne, se construit, avec le même recul règlementaire, à l'angle est de la rue de Passy et de la rue Jean Bologne, principalement dans cette dernière, d'ailleurs. Deux magasins vont remplacer, dans cette première rue, les deux existant auparavant mais, là encore, l'impact sur la structure commerciale de la rue sera négligeable.

évolution du commerce

Comment a évolué, pendant ces mêmes quarante années, le commerce « traditionnel » de cette rue ? Pour le savoir, on peut suivre à peu près le même plan qu'au chapitre précédent ; à peu près seulement, car la comparaison entre la rue elle-même et le reste du quartier devient moins utile car moins pertinente. En effet, à la fin de la période précédente, cette rue avait largement pris sa propre personnalité. Elle avait commencé à concentrer, dans une partie, au moins, de ses magasins, un commerce destiné à la fraction la plus aisée des habitants du quartier ou, pour être plus précis, correspondant à des dépenses que seule celle-là peut se permettre. Cette orientation commerciale va se renforcer entre les deux guerres et explique l'inutilité d'une référence permanente à l'ensemble du quartier de la Muette, dans lequel le commerce reste beaucoup plus traditionnel.

le commerce d'alimentation

Commençons par l'étude du commerce de bouche, qui n'avait, bien sûr, que peu de raisons d'être profondément affecté par ces changements, et qui représentait alors encore près du tiers de l'activité de la rue. Pour faciliter la comparaison avec la période précédente, le tableau V donne, dans sa partie supérieure, des informations analogues à celles du tableau IIa, et elles sont présentées dans le même ordre (alphabétique), à part deux ajouts que l'on commentera plus loin. La plupart des lignes de ce tableau décrivent une très grande stabilité : le commerce de bouche de la rue a atteint son équilibre. Il existe cependant une exception notable, celle du commerce de vin, dont le nombre d'enseignes diminue fortement. Il s'agit là, en fait, d'un changement général d'habitudes alimentaires, même si cette diminution est plus marquée dans la rue de Passy que dans l'ensemble de la capitale : elle y est d'un facteur quatre alors que le nombre total de marchands de vin n'est divisé que par deux pour tout Paris, durant la même période. En fait, c'est la vente du vin au tonneau, vin qui est, à l'époque, de qualité très médiocre, qui diminue beaucoup, et cette désaffection est liée à l'élévation du niveau de vie ; la diminution est donc particulièrement marquée pour la clientèle aisée que constitue le quartier de la Muette. L'autre changement, déjà annoncé, concerne les épiciers : ce sont eux qui sont le plus affectés par la création des deux grands magasins que sont Julien Damoy et de Félix Potin, ainsi d'ailleurs que par celle de deux autres boutiques qui, quoique nettement plus petites et de moins grande renommée, cherchent, néanmoins, à offrir la même variété de produits. Cependant, si l'on ajoute ces nouveaux magasins d'alimentation, comptabilisés dans une nouvelle ligne du tableau V, aux épiciers classiques, on retrouve la même stabilité que pour les autres commerces de ce tableau. Une autre ligne supplémentaire a été ajoutée à ce dernier tableau, relative, elle, aux confiseurs. Cette profession était pratiquement inexistante dans les cinquante premières années étudiées au chapitre 3 ; elle correspond

	1911	1916	1921	1926	1931	1936	1941	1946	1951
boucher	12	12	12	11	11	10	10	10	10
boulanger	7	7	6	6	6	6	6	6	6
charcutier	4	4	4	4	5	5	5	5	4
confiseur	3	3	4	4	5	4	4	4	4
épicier	8	10	8	8	5	6	5	7	6
alimentation générale	–	–	–	1	2	3	4	3	3
frutier	4	4	5	8	4	7	6	7	5
laitier	9	10	9	9	7	9	9	9	8
marchand de vin	16	18	15	12	8	6	3	3	3

tableau V

Evolution du nombre des commerces d'alimentation les plus représentatifs de la rue de Passy entre 1911 et 1951.

une confiserie de la rue de Passy

La photographie date de 1906, mais le magasin a gardé la même destination, et avec le même succès, jusque dans les années 1960 malgré ses nombreux changements de propriétaires. Le côté endimanché de ceux de 1906, et de leurs employés contraste avec l'aspect beaucoup moins formel des personnages de la photographie précédente.

maintenant à un commerce qui s'établit de façon stable. Cette ligne souligne à nouveau l'apparition de cette clientèle aisée, typique de cette deuxième période du commerce de la rue.

la vie courante

Comme pour l'alimentation, c'est la même présentation qui a été utilisée dans les tableaux IIIa et VI. Dans ce dernier tableau, le nombre de boutiques correspondant à certaines professions, horlogers, coiffeurs ou quincailliers par exemple, est assez stable. D'autres, qui correspondent à des métiers ayant le même type de nécessité, mais dont l'activité n'est guère dépendante de leur localisation, comme les blanchisseuses ou les teinturiers, disparaissent cependant peu ou prou de la rue. Ils peuvent, en effet, se délocaliser sans grande conséquence dans les rues avoisinantes, et c'est bien ce que montre l'étude de ces deux types d'activité pour l'ensemble du quartier. Deux autres professions voient, à l'inverse, le nombre de leurs boutiques croître fortement : ce sont les traiteurs-restaurateurs et les parfumeurs, ces derniers ne figurant pas dans le tableau IIIa. Le cas des traiteurs-restaurateurs est intéressant car il correspond à un changement d'habitudes qui a, au moins, deux origines fort différentes. D'une part, le renom commercial de la rue attire une clientèle extérieure au quartier et amène une partie de celle-ci à y déjeuner, à la fin ou au milieu de ses achats. D'autre part, l'augmentation du prix de la main d'œuvre ancillaire modifie les habitudes anciennes : le prix d'un diner au restaurant, le soir, devient comparable à celui d'un repas confectionné chez soi, en raison de toute la domesticité qu'implique, à l'époque, ce type de réception ; on invite alors plus facilement quelques amis proches à diner au restaurant. Mais il faudrait une étude beaucoup plus détaillée pour démêler le rôle relatif de ces deux facteurs, qui ne sont, d'ailleurs, sans doute pas les seuls. En ce qui concerne les parfumeurs, l'augmentation quasi constante de leur nombre au cours de ces quarante années correspond, en même temps, à l'élévation du niveau de vie des habitants du quartier et à l'attractivité croissante de la rue pour les commerces de luxe.

Il faut aussi mentionner quelques professions qui ne figurent pas dans ce tableau parce qu'elles ne représentent qu'un très faible nombre de boutiques. Le nombre de succursales bancaires n'évolue pas, lui, sur le long terme : une nouvelle banque, la Banque Nationale de Crédit, devenue dix ans après, la BNCI a bien essayé de s'installer au coin de la rue Gavarni et de la rue de Passy, mais elle n'y est restée, en fait, qu'une vingtaine d'années (1926-1946). Le seul changement est le déménagement, déjà signalé, de la succursale de la Société Générale de son ancien emplacement du n° 56 au n° 84 de la rue. On pourrait, par ailleurs, faire un inventaire « à la Prévert » de ces commerces qui ne font, parfois, qu'une brève apparition dans la rue pour disparaître quelques années plus tard; celui-ci n'apporterait que peu d'informations. Mais la tendance que représente cette liste de commerçants, de passage ou nouvellement mais assez durablement installés, est claire; c'est une élévation des moyens financiers de la clientèle qui les fréquentent. Le nombre des fleuristes croit légèrement, il y a, maintenant des marchands de meubles (de 3 à 7, suivant les époques), des photographes (2 ou 3), etc..., toujours des commerces s'adressant à des clients aisés.

En outre, c'est moins l'aspect quantitatif des boutiques, stables ou nouvelles, qu'il faut souligner que l'aspect qualitatif des produits qui sont vendus dans une partie, au moins, de celles-ci: il s'agit alors d'un véritable commerce de luxe. C'est particulièrement vrai pour quelques magasins d'alimentation et seule la mémoire collective du quartier permet d'apprécier cet aspect de notre description. Trois noms méritent d'être cités, même si, pour deux d'entre eux, la profession correspondante est trop minoritaire pour apparaître dans le tableau VI. C'est la pâtisserie Coquelin, c'est la poissonnerie Sévenet, (qui existera, à une certaine époque, sous des noms différents, dans trois magasins de la rue) et la

	1911	1916	1921	1926	1931	1936	1941	1946	1951
blanchisseuse	1	2	1	2	–	–	–	–	1
coiffeur	3	5	6	5	6	7	5	5	4
horloger	3	5	4	4	4	5	5	4	3
limonadier, café	3	4	4	4	2	4	4	3	2
parfurmeur	2	2	3	4	6	6	7	5	5
pharmacien	6	6	6	6	6	5	5	4	4
quincailler, couleurs	2	3	3	3	2	1	2	1	2
tabac	2	2	1	1	1	1	1	1	1
teinturier	4	4	3	2	2	1	2	1	0
traiteur, restaurant	–	–	1	1	2	3	4	4	5

tableau VI

Evolution du nombre des commerces les plus représentatifs liés à la vie courante dans la rue de Passy entre 1911 et 1951.

charcuterie de luxe (surtout italienne, comme le souligne l'histoire de leur famille) Davoli. Dans les trois cas, ces magasins étaient considérés comme des institutions, leur boutique comme un signe de prestige de la rue, et leur disparition, fortune faite pour leur propriétaire, coïncidera, dans les années 1980, c'est-à-dire bien après la période étudiée dans ce chapitre, avec la fin du commerce de bouche dans la rue.

le commerce d'habillement

C'est cependant l'habillement, et surtout l'habillement féminin, qui commence à se développer durant ces quarante années, prélude aux années futures où il régnera en maitre. Comme pour le tableau IVa, le tableau VII débute par les magasins de chaussures dont l'évolution signalée au chapitre précédent se poursuit sans changement. Au cours des dix premières années de l'époque 1911-1951, deux magasins indépendants vont, fermer pour l'un d'entre eux, déménager rue de la Pompe pour l'autre, alors que les grandes enseignes vont, soit se maintenir (Manfield, Raoul, l'ancêtre de François Pinet), soit s'y installer (Paul, Bailly), de même qu'un bottier. C'est, une fois encore, la partie « haut de gamme » de ce commerce qui se développe, aux dépends de la qualité moyenne. En revanche, aucun changement n'est constaté dans le nombre d'artisans de la rue liés à l'habillement. Couturières, modistes, aussi bien que corsetières, n'ont pas de magasins sur rue ; elles travaillent soit en chambre, soit dans des ateliers au fond des cours d'immeubles : elles ne sont alors pas touchées par l'augmentation du prix des surfaces commerciales de la rue et leur activité va se maintenir aussi bien rue de Passy que dans le reste du quartier. En revanche, malgré cette augmentation des loyers, on constate, au milieu du 20e siècle, un revirement dans le nombre de commerces de lingerie féminine, ces boutiques qui avaient pratiquement disparues à la fin de l'époque précédente : le tableau VII montre un chiffre stable jusqu'en 1935, suivi par une très nette remontée dans les dernières années. Deux effets se conjuguent sans doute dans ce renouveau. D'une part, une augmentation certaine de la qualité de l'offre : la confection de ces produits a été largement améliorée depuis la fin de la Grande Guerre, et des grossistes vendent maintenant des produits « haut de gamme ». Ceci induit un transfert d'une partie de la clientèle vers des nouveaux commerçants qui peuvent désormais offrir des produits que l'on ne trouvait auparavant que dans quelques magasins situés au centre de Paris. D'autre part, il s'agit peut-être du premier effet d'entrainement de la création des magasins beaucoup plus importants, au n° 76, et au n°s 80-82 de la rue, dont certains rayons de leur rez-de-chaussée vendent des produits analogues : 4 des 7 nouveaux magasins de lingerie s'installent, en tous cas, au voisinage de ces deux adresses. Cette remontée du nombre de magasins existe aussi, de façon plus régulière d'ailleurs, pour les boutiques de robes, appelées parfois aussi, maintenant, magasins de confections : là aussi, les nouveaux commerces s'installent plutôt vers la place de la Muette, l'effet d'entrainement joue manifestement.

Il a été nécessaire, par ailleurs, introduire dans cette partie du tableau VII, trois professions, qui n'étaient guère présentes avant 1910 : les fourreurs, les maroquiniers-gantiers, et les marchands de tissus. Dans les trois cas, le nombre de ces magasins croit pendant ces quarante années, et la concurrence des deux grands magasins mentionnés ci-dessus, qui vendent aussi sacs et gants, semble, là encore, favoriser l'installation des maroquiniers plutôt que de leur nuire. Quant aux fourreurs, ils profitent simultanément de l'augmentation de la renommée de la rue et de l'élévation de niveau de vie de sa clientèle. On peut enfin noter, dans un registre assez analogue, l'accroissement du nombre de marchands de tissus. A cette époque, les couturières sont encore aussi nombreuses dans le quartier qu'au début du siècle ; l'augmentation de ces magasins autour des années 1945-1950 souligne sans doute le désir de leurs clientes d'avoir, à portée de main, des commerçants offrant un large choix de tissus dans lesquels elles se feront faire, chez ces dernières, jupes, robes ou manteaux.

	1911	1916	1921	1926	1931	1936	1941	1946	1951
chaussures	6	9	7	6	7	9	10	9	9
couturière	3	2	2	2	2	4	5	3	4
fourrures		1	2	3	6	5	4	5	3
lingerie, mercerie	2	3	4	5	4	4	5	5	8
maroquinerie		1	2	1	1	1	1	5	6
modes	–	3	6	3	7	7	8	7	10
nouveautés	2	2	2	2	2	2	3	3	3
tissus, soieries		–	1	1	2	2	2	3	6

tableau VII

Evolution du nombre des commerces, ou des artisans, les plus représentatifs liés à l'habillement dans la rue de Passy entre 1911 et 1951.

Il faut, pour clore cette partie, discuter le rôle particulier que jouent, dans cette rue, les deux magasins appelées Haurès et Franck et fils, ainsi qu'un troisième, Halphen, qui n'a encore été guère évoqué dans ce chapitre, par suite de sa localisation, au centre de la rue, et de sa politique immobilière différente. Il s'agit, comme il a été dit au chapitre précédent pour ces deux derniers, de commerces qui s'étaient installés, en 1902 pour l'un, en 1900 pour l'autre, et au voisinage immédiat l'un de l'autre, au n° 50 et au n° 52 de la rue. Ces deux magasins ont beaucoup de choses en commun, d'abord dans leur structure familiale (trois générations les auront, pour chacun, successivement dirigés), mais surtout dans leur caractère novateur et pour la clientèle qu'ils visent. Il s'agit, dans les deux cas, ainsi que plus tard, pour Haurès, de créer un magasin où une femme élégante peut se vêtir de pied en cap (à l'exception des chaussures, commerce trop spécialisé) et de lui offrir des produits de très bonne qualité qu'elle ne trouvera pas dans d'autres boutiques alentour. C'est un pari un peu hasardeux (pourquoi s'installer dans ce qui n'est alors qu'un village assez récemment rattaché à Paris ?), mais ce sera un pari gagnant. Cependant ces magasins sauront trouver les fournisseurs qui les approvisionneront en vêtements (robes, manteaux, jupes) de très bonne qualité, ainsi qu'en lingerie, ou en objets de maroquinerie, répondant aux mêmes critères ; les Galeries Parisiennes (Maison Franck) y adjoindront, en outre, la fabrication et la vente des chapeaux, et ces deux boutiques se dotent, en plus, d'ateliers assez vastes pour faire, sur place, les retouches ou transformations qu'impose ce type de commerce. Le succès de cette nouvelle formule, le magasin de nouveautés au sens plein du terme, grandit de plus en plus et, en 1934, les Galeries Parisiennes, qui se sont transformées en Franck et Fils quelques années auparavant, se déplacent du n° 50 jusqu'au n°s 80-82. Enfin, en 1937, s'ouvre Haurès, presqu'à coté de Franck et fils. C'est un magasin dont les caractéristiques sont assez analogues à celles de ce dernier ou de Halphen. Il s'en différencie, cependant, par la vente de modèles qui lui sont personnels, qu'il conçoit et qu'il fabrique dans ses propres ateliers, situés au fond de son magasin. C'est une originalité en 1937, à une époque où les confectionneurs, même de vêtements de grande qualité, ne sont pas autorisés à reproduire les modèles de haute couture ; les magasins de nouveautés sont donc entièrement tributaires des modèles conçus par leur fournisseurs s'ils ne les conçoivent pas eux-mêmes. Cette originalité disparaîtra en partie lorsque, après-guerre, cette reproduction sera permise, et lorsque la haute couture commencera elle-même à fabriquer et distribuer des vêtements « Prêt à Porter » de luxe. Ceux-ci seront alors revendus aussi bien par ces grands magasins de nouveautés que par des distributeurs spécialisés dans une « marque » bien déterminée. Cette évolution expliquera celle des commerces d'habillement de la rue, que l'on étudiera dans le chapitre suivant.

l'«aryanisation» de 1940-1944

On ne peut pas clore ce chapitre sans mentionner l'influence (heureusement assez faible) du régime de Vichy (1940-1944) sur ce commerce d'habillement. Les mesures « d'aryanisation » des magasins que ce gouvernement avait mis en place dès la fin de 1940, interdisaient aux « Juifs » de continuer à posséder, ou à diriger, des entreprises. Ces mesures frappaient, au premier chef, l'habillement car il s'agit d'une profession (confection et commerce de détail) dans laquelle la communauté israélite était traditionnellement fortement représentée. En ce qui concerne la rue de Passy, ces mesures devaient toucher, d'une part les trois grands magasins dont on vient de parler, Franck et fils, Halphen et Haurès, d'autre part plusieurs boutiques de taille nettement plus petite. En ce qui concerne deux au moins des trois premiers, leurs propriétaires anticiperont cette dépossession en cédant leur magasin à des mains amies qui les leur revendront dans les mois qui suivront la Libération de Paris. Même si certains membres de leur famille ne reviendront pas des camps de déportation, leurs commerces, par eux-mêmes, ne garderont guère de trace de cette période.

Il n'en est pas de même pour les quelques autres magasins (quatre ou cinq, semble-t-il), qui n'avaient pas pu, ou su, réaliser une pareille opération en temps utile. Un Administrateur Provisoire (suivant la terminologie de l'époque) fut chargé de « liquider » l'entreprise, la revendant généralement, et toujours à bas prix, à une autre personne ou société. Celle-ci va, soit continuer la même activité commerciale, soit, comme par exemple pour le magasin de lingerie situé au n° 75, en créer une nouvelle, une boutique de parfumerie dans ce cas particulier. Ces ventes seront annulées à la fin de la guerre, les anciens propriétaires vont retrouver leur bien et reprendre souvent leur ancien métier, mais il n'est pas clair que tous les propriétaires aient survécu à la tourmente ni qu'ils aient tous trouvé l'énergie de reprendre leur activité après cette spoliation, même si elle ne fut que provisoire.

CHAPITRE 5
l'après-guerre

La dernière partie de ce travail s'étend, à nouveau, sur près d'un demi-siècle, de 1955, pris, un peu arbitrairement, comme marquant la fin de l'après-guerre, à l'orée du 21e siècle. C'est une période relativement calme sur le plan militaire, donc sur le plan des personnes physiques et de leurs biens lorsque l'on limite son horizon à l'espace européen, puisqu'il n'y aura pas de troisième guerre mondiale. Il en va tout autrement sur le plan économique : l'élargissement progressif des interactions économiques, au niveau national d'abord, puis leur mondialisation, va largement se faire sentir, même sur le plan micro-économique discuté ici.

Deux facteurs vont jouer un rôle essentiel dans cette évolution. D'une part, l'abaissement des barrières douanières et du coût du transport, ainsi que l'augmentation fantastique de la vitesse de ce dernier, vont complètement modifier la géographie des sources d'approvisionnement : elles vont cesser d'être essentiellement locales. D'autre part, l'accroissement du niveau de vie global de la population française pendant cette période va s'accompagner, bien sûr, d'une augmentation corrélative importante du prix de la main d'œuvre : ce prix va devenir un poste essentiel dans le commerce de détail et la nécessité de sa prise en compte dans le coût de la distribution va très largement modifier tous les aspects de cette dernière. En revanche, l'accroissement de la population du quartier de la Muette, troisième facteur possible, ne va plus jouer maintenant aucun rôle ; cette population va rester constante durant toute cette période, elle est la même au début et à la fin de celle-ci.

modification de la structure immobilière

Les deux facteurs précédents seront donc toujours sous-jacents dans la transformation du commerce décrite dans ce chapitre. Il paraît cependant utile, avant de regarder celle-ci, de commencer, comme au chapitre 4, cette étude par l'aspect structurel, donc immobilier, des changements qui s'effectuent dans la rue de Passy, car ils commandent, ou accompagnent, suivant les cas, cette transformation.

Il avait déjà été noté, au début du chapitre 3, qu'en 1860, la plus grande partie de la rue était constituée d'immeubles de 2-4 étages, en dessous desquels se trouvaient deux ou trois magasins. Il n'existait que peu de maisons étroites avec une seule boutique au rez-de-chaussée ; il n'y avait, en outre, que moins de 5% de maisons individuelles, essentiellement des anciens hôtels au sens 18e siècle du terme, donc sans aucun commerce à leur pied, et elles furent toutes détruites avant ou au tournant du 20e siècle. Dès cette époque donc, tous les rez-de-chaussée sont occupés par des magasins et les transformations possibles sont alors majoritairement dues à des démolitions d'immeubles suivies par leur reconstruction avec des normes parfois très différentes. C'est ce qui avait été déjà vu en partie au début du chapitre 4. A ce moment-là, ces reconstructions étaient liées, soit à l'implantation de salles de cinéma, soit à la création, à l'extrémité ouest de la rue, de « grands magasins » de nouveautés, au n°s 76 et surtout au n°s 80-82. La seule exception notable fut la construction, entre ces deux magasins, d'un autre immeuble, lié, cette fois, à l'installation d'un important épicier succursaliste, Félix Potin. L'énumération précédente était, en fait légèrement incomplète : un dernier cas de figure était la restructuration d'un immeuble dans lequel se trouvait déjà un magasin, avec la réunion de plusieurs ou de toutes les boutiques de celui-ci pour en faire une plus grande surface, opération accompagnée, parfois, de l'utilisation (achat ou location) d'un ou plusieurs étages supérieurs. Ce fut le cas, en particulier, pour le magasin de nouveautés Halphen, au milieu de la rue, avec un développement horizontal dès le début du 20e siècle, suivi d'une extension verticale dans les années 1930, afin que ce magasin puisse continuer à rivaliser avec ses deux concurrents situés à l'extrémité de la rue.

La deuxième moitié du vingtième siècle n'a apporté aucune innovation à ce schéma, et l'a même, en principe, restreint dans la mesure où l'avènement de la télévision détruit le puissant moteur de changement qu'avait été le cinéma. La courte liste qui suit montre qu'en dehors de la grande opération Inno (suivie de celle du Passy-Plazza) qui sera décrite plus loin, tous les changements structurels qui ont eu lieu mélangent, dans des proportions diverses, les deux aspects précédents ; ils n'apportent cependant qu'un nombre somme toute modeste de modifications, tant à l'aspect visuel de la rue qu'à la taille de ces espaces commerciaux.

En ce qui concerne les nouveaux immeubles, leur apparition est assez peu fréquente et n'a guère de conséquences sur le plan commercial :
-trois opérations immobilières, à l'angle de la rue Chernovicz, et, indépendamment, en face de cette rue, aux n°s 30 et 32, n'amènent aucun changement dans le nombre de boutiques.
-une opération de plus grande envergure a consisté, au milieu des années 1960, en la construction d'un grand ensemble de 9 étages au fond d'un assez vaste terrain situé au sud de la rue, entre les n°s 41 et 47. Cependant, on conservera, le long de celle-ci, le même nombre, six, de boutiques, toutes d'assez petite taille, et sans appartement au-dessus d'elles. Au final, l'aspect de la rue ne sera guère modifié, pas plus que la taille des surfaces commerciales.
-l'opération réalisée, une dizaine d'années après, entre les n°s 61 et 65, a revêtu, elle, un caractère un peu différent. Les trois

petits immeubles concernés ont été complètement détruits et remplacés par un grand ensemble de 7 étages, mais construit, cette fois, sur la rue. De plus, on reconstruit, à la place des cinq magasins disparus, trois boutiques dont deux de superficie nettement plus grandes que celles supprimées, seule la troisième reprenant la même activité qu'auparavant; on profitera, en outre, de cette opération pour utiliser le sous-sol du plus grand de ces magasins comme une surface commerciale supplémentaire, de taille équivalente à celle située sur la rue et communiquant avec elle par un escalier mécanique. C'est le premier agrandissement notable lié à une transformation immobilière pendant cette période.

La deuxième technique de transformation, la restructuration d'une partie, au moins, de l'immeuble dans lequel est située la surface commerciale a été, elle, un peu plus utilisée. L'une des deux opérations d'importance a été la conséquence indirecte du déménagement de Franck et fils, les ex Galeries Parisiennes, au n° 80 de la rue. Ce sont les Nouvelles Galeries qui prennent leur place. Le terrain sur lequel était construit l'immeuble correspondant s'étendait largement vers le nord grâce à des cours et des jardins. Les trois techniques indiquées plus haut vont être alors utilisées, les unes après les autres, pour agrandir l'espace libéré par ce départ: d'abord fusion des deux boutiques situées au pied de l'immeuble; puis, lorsque les Nouvelles Galeries céderont cet emplacement à Séphora qui désire en faire une grande surface entièrement dédiée aux produits de parfumerie, incorporation de l'étage situé juste au-dessus du magasin (ici pour accroître le volume de l'ensemble, plutôt que sa surface); enfin, augmentation de cette surface par la construction d'une extension à l'arrière du magasin primitif. Une technique analogue de doublement de la surface commerciale par absorption de cours et jardins sera utilisée ultérieurement par Prisunic lorsque ce magasin sera racheté par le groupe Monoprix, pendant que Franck et fils, à l'autre bout de la rue, s'agrandit horizontalement en absorbant le magasin laissé libre par le départ de son voisin

Félix Potin. On dit ajouter que deux magasins d'habillement, de taille nettement moindre que les trois précédents s'agrandiront par absorption du premier étage de l'immeuble dans lequel ils sont installés. Dans tous les cas énumérés ci-dessus, il s'agit d'une course vers l'augmentation de la surface commerciale tout en gardant une localisation dans une rue au grand pouvoir d'attraction, et ne modifiant pas, ou guère, son aspect général. Celui-ci est légèrement vieillot, ou au moins provincial, mais en fait une de ses caractéristiques, et sans doute un de ses charmes.

La seule opération d'envergure qui aura lieu dans cette rue durant cette période sera, en fait, l'implantation d'Inno-Passy, au début des années 1960, suivie, dans un deuxième temps, et en partie à la place de ce premier magasin, de l'ouverture de la galerie Passy-Plazza après une interruption d'activité de près de cinq ans. Cette opération avait été conçue, au départ, par un groupe américano-canadien qui désirait implanter en Europe des supermarchés tels qu'ils fleurissaient alors outre-Atlantique. Ce groupe projette d'en ouvrir six en France, dont un rue de Passy et il s'allie, pour cela, à un groupe immobilier français. Celui-ci achète, dans le tout début des années 1960, un petit immeuble situé au coin de cette rue et de la rue Jean Bologne, trois autres, qui lui sont adjacents, dans la seconde, et deux autres encore, rue de l'Annonciation, avec des cours contigües à celles des immeubles de la rue Jean Bologne. Le projet est de construire deux ensembles d'habitation à but locatif, sans communication entre eux, chacun ayant son entrée dans une de ces rues. Par contre, le rez-de-chaussée et une partie du premier sous-sol de tout l'ensemble (le reste de celui-ci et les deux étages inférieurs étant à usage de caves et de parkings) sont conçus pour être loués à ce groupe américano-canadien. Celui-ci abandonne son projet dès 1963, et c'est le groupe Monoprix, filiale des Galeries Lafayette, qui le reprend. Monoprix installe le sous-sol en une surface de vente purement alimentaire reliée par un escalator au rez-de-chaussée qui est, lui, consacré à l'habillement, au bricolage, à la droguerie, etc... L'ensemble du magasin ouvre sur la rue Jean Bologne par quelques larges portes, mais il n'a fonctionné sous cette forme initiale que pendant une vingtaine d'années. Un autre groupe rachète en effet l'exploitation du rez-de-chaussée pour en faire une grande galerie commerciale, formule qui n'existait dans la rue que sous une forme très modeste, au 95-97, depuis le début des années 1930. Cette galerie, plus vaste que l'ancien rez-de-chaussée, a alors deux entrées, une rue de Passy et l'autre rue de l'Annonciation. Elle est maintenant constituée d'un ensemble de 17 boutiques, de tailles très différentes les unes des autres et d'une surface totale de près de 3 000 m²; le sous-sol est toujours occupé par le même espace alimentaire mais on étend la galerie en aménageant, dans le reste de cet étage, 5 autres vastes boutiques, de près de 2 000 m² au total; on creuse, enfin, par en-dessous, un étage supplémentaire permettant d'offrir un parking de 150 places à la clientèle de l'ensemble des magasins. De plus, on change largement l'aspect extérieur des immeubles afin que ceux-ci se fondent mieux dans le paysage de cette rue. L'ensemble, galerie commerciale et grande surface alimentaire, ouvre à nouveau fin 1993, sous le nom de Passy-Plaza.

En résumé, seule cette opération a créé, ex-nihilo, une nouvelle et importante surface commerciale avec de nombreux et nouveaux acteurs. En dehors d'elle, il n'y a qu'un très petit nombre d'immeubles, à peine plus de 10% des adresses de la rue, qui a été affecté par des modifications immobilières; et beaucoup de celles-ci n'ont pas changé le nombre des boutiques. Ce chiffre est bien modeste comparé aux changements très importantes de la structure même des commerces de la rue que l'on va décrire dans les parties suivantes.

Cependant, une partie très importante de ces modifications avait pour objectif d'augmenter les surfaces commerciales, ce qui impliquait d'attirer un nombre toujours plus grand de clients. Pendant le même temps, l'accessibilité de la rue n'avait pas augmenté depuis 1920, date de l'ouverture de la station Muette de la ligne 9 du métro. Elle avait même légèrement commencé à diminuer quatre ans après, puisque l'exploitation de la ligne de chemin de fer allant du champ de Mars vers la partie nord de la ligne de Petite Ceinture en passant par la gare de Bougainvilliers avait été arrêtée en 1924. Dix ans après, on arrête aussi l'exploitation de la partie sud de cette Petite Ceinture au-delà de la gare de la porte d'Auteuil. Pour finir, la portion restante, entre la porte d'Auteuil, la gare de la Muette, et le Pont Cardinet sera définitivement fermée en 1985. Toutes ces fermetures n'auront malgré tout que de très faibles conséquences pour le commerce de la rue : cette ligne était peu fréquentée, et de plus, très peu de voyageurs l'utilisaient pour se rendre dans cette rue. La réouverture du trafic entre le Champ de Mars et le Pont Cardinet pour en faire la branche nord du RER C n'aura, bien sûr, guère plus d'influence sur le commerce local.

C'est l'avènement de l'automobile individuelle à partir des années 1950 qui va complètement modifier le problème de l'accessibilité. Comme en bien d'autres endroits, cet avènement va rendre nécessaire la construction de vastes parkings capables d'accueillir les voitures des nouveaux clients potentiels. Un premier, d'assez petite taille, est construit, dès 1959, au 19 de la rue, à l'arrière d'un petit garage existant préalablement, ne modifiant ainsi guère l'aspect de la rue. Mais cet ensemble, d'une centaine de places pour la location à l'heure, sera rapidement insuffisant, de même que le sera, en 1965, la centaine de places réservées à Inno-Passy au deuxième sous-sol de l'immeuble dans lequel il vient de s'installer. Un nouveau parking souterrain, capable de mieux satisfaire les besoins de la clientèle, va alors être creusé, au début des années 1970, à l'extrémité ouest de la rue, en profitant de l'espace situé sous les trottoirs de l'ensemble d'immeubles qui y avaient été construits quarante ans auparavant, et auxquels il avait été alors imposé un retrait de façades. Cette création de près de 350 nouvelles places de stationnement a permis une fréquentation plus aisée de la rue de Passy, de même que l'augmentation d'une cinquantaine de places disponibles au 53 de la rue, lors de la transformation d'Inno-Passy en Passy-Plaza ; tout ceci est resté cependant assez insuffisant et, en fin de semaine, il est fréquemment impossible de trouver une place de stationnement dans tout le quartier, signe de la vigueur de son commerce.

l'évolution du commerce

l' alimentation

On avait vu, au chapitre 3, que le commerce d'alimentation n'avait pas crû, durant la période 1860-1910, aussi vite que l'ensemble de la population du quartier de la Muette. Dans le cas plus restreint du seul voisinage de la rue de Passy, ce commerce s'était implanté, en outre, de façon plus importante dans les rues immédiatement avoisinantes que dans cette rue elle-même, les loyers y étant moins élevés. Cette différence dans la croissance sera encore plus nette durant la deuxième partie du vingtième siècle, marquée par une complète stagnation de la population : le maximum d'habitants sera atteint en 1970, la population n'étant alors que de 5% plus nombreuse que ce qu'elle était au début, ou qu'elle ne sera à la fin, de cette période. Le commerce d'alimentation, qui représente plus de 30% des boutiques (51 enseignes, sans compter les 2 gros succursalistes d'alimentation générale) en 1955, n'a donc plus aucune raison d'augmenter; un mouvement de décroissance était tout à fait prévisible. Mais celle-ci sera, en fait, très rapide puisqu'il ne restera, en 2000, que dix enseignes individuelles (dont près de la moitié disparaîtra encore dans les cinq années suivantes) et deux « très grandes surfaces ». L'explication de cette très importante diminution est, a priori, fort simple: la période étudiée correspond, à l'échelon national, à une grande « rationalisation » de la distribution alimentaire, c'est à dire à une concentration de ses commerces dans des magasins de taille d'ailleurs assez variée (de quelques à quelques dizaines, voire une centaine, d'employés). Mais elle est, localement, fortement amplifiée par une nouvelle délocalisation de cette activité dans les rues, ou plutôt dans certaines rues, avoisinantes, comme cela va être montré brièvement un peu plus loin.

Il existe cependant une explication complémentaire pour cette presque complète et très rapide disparition des commerces d'alimentation (près de la moitié de ceux-ci aura déjà fermé en 1975) qui est plus spécifique au quartier et à la rue elle-même. C'est l'importante augmentation du coût de la main d'œuvre, qui joue ici un double rôle. D'une part, les ménages aisés, la plus grande partie de la clientèle de ces magasins, sont amenés à réduire fortement leur personnel domestique. Celui-ci, ou leur employeur, n'a plus alors que peu de temps à consacrer « aux courses » ; regrouper celles-ci dans un petit nombre de magasins devient donc de plus en plus courant, même si cela doit se faire au détriment du choix des produits, qui ne sera plus aussi grand que dans les anciennes boutiques plus spécialisées. Il en résulte une désaffection pour des magasins tels que les laitiers, les marchands de fruits et légumes, ou les épiciers, et un regroupement de cette activité dans des boutiques plus généralistes ; celles-ci vont résister plus longtemps, avant de disparaître, elles aussi. D'autre part, un employé coûte de plus en plus cher alors que les loyers augmentent beaucoup dans cette rue, conséquence de la concurrence exercée maintenant par des magasins d'un type différent, qui cherchent à s'y implanter : les boutiques d'alimentation deviennent de moins en moins rentables, et leur exploitant trouve plus difficilement un repreneur pour son commerce.

Mais une autre considération va, en fait, contrebalancer cette perte de rentabilité, et simultanément favoriser cette disparition : c'est la transformation de la structure de la propriété immobilière. Jusqu'en 1960, la grande majorité des (petits) immeubles de la rue appartenait entièrement à un seul propriétaire : c'étaient des immeubles de rapport. La crise du logement qui suit la guerre amène à un blocage des loyers, au maintien obligatoire dans les lieux des locataires qui le désirent, etc... Elle va fréquemment conduire les propriétaires à vendre ces immeubles, en particulier à leurs locataires : c'est le grand développement de la copropriété, et les occupants des magasins du rez-de-chaussée, même s'ils ne sont pas soumis aux mêmes règles de location, vont souvent en profiter pour acheter leurs murs. La valeur de ces derniers va, elle, augmenter avec l'attractivité de la rue, si bien que l'on ne va plus vendre sa clientèle, et le droit au bail du magasin, à un nouvel exploitant, mais un emplacement commercial, que l'acheteur désire utiliser pour y installer une nouvelle activité. Le gain réalisé par le précédent propriétaire compensera très souvent une cessation d'activité, même si cette dernière est peut-être un peu anticipée.

La disparition de ce commerce de bouche apparaît clairement dans les tableau VIII et dans le tableau IX. On passe, en 45 ans, de 53 à 12 boutiques et, de plus, 2 de celles-ci sont des « grandes surfaces » : Prisunic et Passy-Plaza (considéré ici comme un ensemble unique, même si sa structure commerciale est en fait fort différente, cf. ci-dessous). Le tableau VIII illustre bien cette disparition brutale, qui affecte en premier lieu les bouchers et les charcutiers (et marchands de comestibles, cette activité ne se distinguant pas toujours bien de la précédente). Durant cette période, une boucherie essaiera bien de se réimplanter dans la rue; son installation ne durera que dix ans, avec une fermeture définitive en 2004. Les boulangers, les marchands de vins, ainsi que la confiserie, résistent un peu mieux puisque trois boulangeries, deux magasins consacrés au vin et deux confiseries ont subsisté jusqu'à aujourd'hui. La disparition des épiciers, laitiers et fruitiers est, elle aussi, remarquable et illustre bien le cas de l'alimentation générale évoqué plus haut. Dans un premier temps, comme pour les commerces précédents, le nombre de telles enseignes est divisé par deux en vingt ans. Cette première phase terminée, il subsiste encore quelques petites structures assez généralistes qui ne disparaissent que plus

	1955	1960	1966	1971	1974	1978	1983	1985	1990	1995	2000
boucher, tripier	12	12	7	6	6	6	6	5	3	3	1
boulanger	6	5	5	4	4	4	3	3	3	3	3
charcutier, comestibles	6	6	5	4	3	3	2	2	1	1	–
épicier, laitier, crémier, frutier	14	13	10	8	8	8	7	6	4	2	2
alimentation	4	2	1	2	2	3	3	3	1	1	2
confiserie	5	6	6	5	5	5	5	5	3	3	2
marchand de vin	3	4	4	4	3	2	2	2	2	2	2
autres	3	3	3	2	2	1	1	–	–	–	–

	vêtements	chaussures	alimentation	autres	rien	continuation
boucher, tripier	7	2	–	1	1	1
boulanger	1	2	–	–	–	3
charcutier, comestibles	4	–	–	2	–	–
épicier, laitier, crémier, frutier	3	–	2	8	1	2
alimentation	1	–	1	1	1	2
confiserie	2	2	–	1	–	2
marchand de vin	2	–	–	–	–	2
autres	2	1	–	1	–	–

tableau VIII / IX

Evolution du nombre des commerces d'alimentation les plus représentatifs de la rue de Passy entre 1955 et 2000.

Nombre de nouveaux commerces qui s'ouvrent en remplacement d'un commerce d'alimentation, entre 1951 et 1995, avec la nouvelle profession exercée (cinq premières colonnes).

lentement, au rythme où des petits supermarchés s'y substituent dans d'autres rues du quartier. Par contre, les grandes surfaces alimentaires vont se maintenir ou, plus exactement, leur nombre va rester constant, la disparition, au début des années 1960, de Félix Potin ayant été compensée, peu de temps après, par l'implantation de Inno, sous ses deux formes successives.

Il faut cependant noter que ces disparitions ne correspondent qu'en partie à un changement du mode d'achat des produits alimentaires par la population du quartier. Une autre modification de la structure commerciale de celui-ci est, en effet, le changement de rôle de certaines rues avoisinantes : pendant les cent premières années étudiées précédemment, ces rues se contentaient de servir d'exutoire à l'artère principale ; on s'y installait, un peu au hasard, là où l'on trouvait un emplacement libre. La période 1955-2000 fait apparaître une nouvelle logique. Quelques-unes de ces rues vont prendre une personnalité commerciale complémentaire à celle de cette artère ; le commerce de bouche en est le premier exemple, mais on rencontrera un cas similaire à la fin de ce chapitre.

Pour le commerce d'alimentation, c'est l'extrémité sud-ouest de la rue qui va reprendre le flambeau : d'une part à cause du Marché Couvert, qui existait déjà, depuis près d'un siècle, près de la place de Passy et dont l'activité s'est maintenue, voire développée, mais aussi parce que la rue voisine, la rue de l'Annonciation était, aux siècles précédents, la rue principale du village de Passy et donc le siège normal de ce commerce. Ces deux ensembles vont donc, de façon naturelle, servir de base à sa réimplantation : c'est là que vont s'installer les nouveaux bouchers, tripier, charcutiers, poissonniers, marchands de fromages ou de légumes. Ils vont tous se spécialiser dans le haut de gamme et ne se trouvent ainsi guère en concurrence avec les deux « grandes surfaces » du quartier, encore moins avec les petits supermarchés situés en leur voisinage ; un équilibre économique semble ainsi s'être établi entre ces différents acteurs de la vie quotidienne.

Il faut noter, par ailleurs, que cette spécialisation alimentaire va, presque naturellement pourrait-on dire, en induire une autre, la consommation locale de ces produits, donc la restauration, comme on le verra un peu plus loin. Pour le moment, on peut regarder, à l'aide du tableau IX, pour chaque catégorie de magasins d'alimentation existant en 1955, le type de commerce qui le remplace lors de sa disparition, la dernière colonne indiquant le nombre de magasins qui ont gardé leur activité jusqu'en 2000. Ce tableau illustre l'autre aspect de la disparition du commerce alimentaire : le moteur profond du changement de destination des boutiques est la spécialisation de la rue dans tout ce qui touche à l'habillement, uniquement féminin d'ailleurs, puisque, durant cette période, l'habillement masculin y sera en complète stagnation : plus de la moitié des magasins d'alimentation se transforme en boutiques de Prêt à Porter, de lingerie, ou de chaussures.

C'est cette spécialisation « féminine » qui va être analysée maintenant, renvoyant à la fin de ce chapitre l'étude rapide de ce qui avait été appelé, dans les chapitres précédents, les magasins consacrés à la vie courante non alimentaire.

le commerce d'habillement et de ses accessoires

Ce commerce va subir, simultanément, une double transformation : d'une part dans le nombre d'enseignes qui va lui être consacré, mais aussi dans son style. Au tout début de la période 1955-2000, l'habillement féminin ne concernait que quinze enseignes, dix autres vendaient essentiellement de la lingerie pour sept spécialisées dans la vente de chaussures. Par ailleurs, la structure capitalistique de ces deux ensembles de magasins était fort différente. Les magasins d'habillement féminin et de lingerie avaient tous un aspect individuel ou, tout au plus, familial : même les plus gros, Haurès, Franck et fils, ou Halphen et fils, avaient un seul groupe de propriétaires qui dirigeait, exploitait ce magasin. En revanche, cet aspect avait déjà en grande partie disparu après la

Première Guerre dans le commerce des chaussures : juste avant 1940, ce dernier n'était plus guère représenté (cinq sur sept) que par des marques (Wimbley, Raoul, Paul, ...) : c'était des succursales, exploitées par des gérants.

La rue, assez courte et étroite pour donner à l'acheteur le sentiment que l'on peut y faire ses achats, ou y flâner, dans un cadre à taille humaine, par ailleurs bien desservie par les transports en commun va, plus encore que dans l'immédiat avant-guerre, attirer le commerce d'habillement alors que le manque de nouveaux emplacements commerciaux pousse le prix de ceux-ci fortement à la hausse. Ce sont donc ceux qui disposent des plus gros moyens financiers, essentiellement les fabricants et les distributeurs, qui vont remplacer les anciens propriétaires. En fait, les conséquences de cette pénurie seront assez différentes suivant l'activité commerciale concernée mais, dans de nombreux métiers, il en résultera une disparition quasi complète des commerçants indépendants. De plus, l'ouverture d'un nouveau magasin n'est pas nécessairement suivie d'un succès commercial et il devient très onéreux de persévérer dans l'insuccès : ce dernier se traduit donc rapidement par une cessation d'activité et un changement d'enseigne. Ces changements seront donc nettement plus fréquents durant cette cinquantaine d'années qu'ils ne l'avaient été auparavant. Le tableau X illustre bien certains des aspects marquants de cette modification de structure du commerce d'habillement.

Le Prêt à Porter (PAP), essentiellement robes, jupes et manteaux, est le commerce où les changements ont été les plus nombreux et mérite donc que l'on commence par lui. La partie supérieure de ce tableau indique, pour différentes professions et pour quatre années régulièrement espacées entre 1955 et 2000, le nombre de boutiques qui leur sont consacrées à cette date tandis que sa partie inférieure détaille, pour les cinq premières d'entre elles, les changements intervenus entre deux années successives du tableau : pour chaque couple d'années,

	1955	1971	1985	2000
vêtements féminins	15	26	33	41
chaussures	7	15	14	16
lingerie	10	6	7	7
parfumerie	4	5	7	5
bijoux	–	6	5	7
fourrures	2	2	2	–
vêtements masculins, chemises	5	6	7	6

	1971		1985		2000	
vêtements féminins	6	3	8	13	8	27
chaussures	6	8	11	10	6	10
lingerie	3	1	4	1	1	6
parfumerie	2	2	3	4	4	4
bijoux	–	–	2	–	2	–

tableau X

Partie haute : Evolution du nombre de magasins liés à l'habillement entre 1955 et 2000 pour quatre années régulièrement espacées entre 1955 et 2000.
Partie basse : sous colonne de gauche : nombre de magasins qui ont la même enseigne au début et à la fin de deux années de référence successives (1955-1971, 1971-1985, 1985-2000). Sous colonne de droite : nombre de magasins qui appartiennent à un grand groupe à la fin de l'année de référence (1971, 1985, et 2000).

la première colonne donne le nombre de magasins dont les enseignes n'ont pas changé entre ces deux dates et la deuxième indique le nombre total de magasins qui, à la fin de la période concernée, appartiennent à un groupe, souvent international, de distribution. On voit que ce commerce du PAP est caractérisé, d'une part, par un accroissement constant et important du nombre de ses boutiques, d'autre part par l'augmentation continue du poids de ces groupes : en 2000, 27 enseignes sur 41 leur appartiennent. De plus, sur les quatorze autres boutiques, il n'y en a plus que cinq qui gardent une structure individuelle ou familiale; quatre autres dépendent de petits groupes, à l'avenir encore incertain, alors que les cinq restants représentent une démarche un peu différente : elles appartiennent à de gros confectionneurs qui tentent de lancer leur propre marque; ils utilisent alors un ou deux emplacements commerciaux qui leur semblent les plus appropriés à établir leur réputation; ces boutiques sont une sorte de ballon d'essai. Et, c'est bien sûr parmi ces deux derniers ensembles de magasins que figurent les enseignes les plus éphémères.

Les magasins de chaussures ont une évolution très différente, même si leur accroissement relatif est presque aussi remarquable que pour le PAP féminin. Au sortir de la guerre, cinq des sept boutiques appartenaient à des grands groupes de fabricants ayant leurs propres magasins, et leur clientèle était alors autant masculine que féminine. Durant la période 1955-2000, alors que la chaussure masculine va rester essentiellement classique et utilitaire, son équivalent féminin devient petit à petit un objet de mode. Un nouveau commerce va ainsi se développer où la fantaisie et l'aspect esthétique sont un argument de vente beaucoup plus important que la solidité du produit. Des sociétés de production de telles chaussures avec leurs propres boutiques aussi bien que des groupes distribuant un large éventail de marques plus petites, vont alors se créer; ces nouveaux types de magasins vont se développer rue de Passy, pendant que la moitié des magasins plus anciens va rester en place. Les deux parties du tableau X, et l'étude de l'implantation des boutiques au cours des années soulignent, par ailleurs, une importante différence entre le PAP et le commerce de chaussures. Si dans les deux cas, le nombre de boutiques croît, alors que le PAP change très fréquemment d'emplacement commercial, c'est le contraire pour les magasins de chaussures : leurs emplacements sont très stables même si le nom de l'enseigne l'est beaucoup moins.

La lingerie représente apparemment un troisième type d'évolution mais cette profession recouvre, en fait, deux types de produits dont la vente va se différencier après 1955. Il y a, d'une part, les « dessous féminins », dont la fabrication se concentre, à cette époque, à un point tel que le moteur de leur distribution va devenir principalement les grandes surfaces, avec un développement de leur vente totalement basé sur la publicité ; seules quelques sociétés continueront à pratiquer la vente directe de leur production et, durant la période étudiée, un ou deux tels magasins vont subsister rue de Passy. L'autre partie de ce commerce est la vente de corsages, qui reste, après 1955, une spécialité qui va perdurer sous la forme de quelques boutiques individuelles.

Signalons, pour mémoire, la disparition des couturières et des tailleurs : l'augmentation de la qualité et de la variété du PAP diminue fortement l'attractivité des vêtements sur mesure. Les cessations d'activité ne sont alors plus compensées par de nouveaux arrivants et ces professions s'éteignent petit à petit. Il en est donc de même pour les marchands de tissus puisqu'ils n'ont plus, maintenant, de clientèle.

Trois autres catégories de magasins dont l'activité va être fortement modifiée pendant cette période apparaissent aussi dans la première partie de ce tableau X.

La première est la parfumerie. En 1955, cette rue, dont la clientèle est aisée, possédait quatre parfumeries individuelles qui vendaient les productions des grands parfumeurs de l'époque. Comme pour le PAP, le nombre des commerçants individuels va diminuer (il n'en reste qu'un seul en 2000) alors qu'un seul grand parfumeur va installer un point de vente dans la rue. Mais, simultanément, de grandes chaines de distribution vont se spécialiser dans ce commerce; en ce qui concerne la rue de Passy, deux très grandes surfaces, Séphora et Marionnaud vont s'ouvrir dans la rue et une filiale d'un de ces groupes s'y installera aussi : la logique des grands groupes modifie profondément, là encore, le paysage commercial même si les chiffres bruts ne semblent pas signaler de changements notables.

Les fourreurs, eux, vont complètement disparaître de la rue, après leur déjà forte diminution des années 1940. La fourrure est passée de mode : ouvertures sans succès et fermetures vont alors se succéder, laissant cependant constant jusqu'en 1985 le nombre de fourreurs (cf. tableau X). Dernier en date, un assez grand groupe de fabrication essaye de s'implanter en profitant de la disparition des plus petits fourreurs, au tout début des années 1980; il disparaitra néanmoins dix ans après, signant alors la fin de cette activité dans la rue.

Un nouveau commerce, en revanche, apparaît maintenant dans ce tableau, alors qu'il avait été classé dans la catégorie de la vie courante dans les chapitres précédents : il s'agit des horlogers-bijoutiers. La vente et la réparation des montres mécaniques formaient précédemment le cœur de ce métier, le commerce de bijoux n'en étant, rue de Passy, qu'un aspect accessoire. La période 1951-2000 correspond à un renversement total de cet équilibre. Le côté « artisanat de haute technicité » disparaît complètement avec la mise au point des montres électroniques bon marché, comme l'indique une ligne du tableau XI. Inversement, le bijou plus ou moins fantaisie fait irruption sur le marché comme un accessoire de modes obligatoire et de nombreux magasins vont maintenant proposer ce produit, en même temps d'ailleurs que des objets de décoration moins spécifiquement féminins. L'explosion de ce nouveau commerce, très largement aux mains d'exploitants indépendants, est soulignée dans les cinquièmes lignes des deux parties du tableau X, lignes pour lesquelles on a seulement tenu compte de l'évolution de l'aspect « bijou » de cette profession.

La dernière ligne de la partie supérieure de ce tableau souligne, inversement, la stagnation complète de l'habillement masculin dans la rue de Passy, alors qu'il se développe fortement plus au nord de l'arrondissement, au voisinage du carrefour de la rue de la Pompe et de l'avenue Victor Hugo.

Cependant, une autre spécialisation, elle aussi induite par la prééminence de l'habillement et de la mode féminine dans la rue elle-même, va apparaître, dans son voisinage immédiat toutefois. Au nord-ouest de la rue, au début des rues de la Pompe et Vital, et dans la petite rue Guichard, se crée un commerce totalement axé sur l'habillement de la femme enceinte et, encore plus, sur celui des enfants, chaussures incluses, de leur naissance jusqu'à environ dix ans. Cette activité a été presque totalement chassée de l'artère principale; elle se regroupe alors dans ces trois rues avec douze magasins qui lui sont consacrés en 2000, dont huit appartiennent à des groupes plus ou moins importants. Par la taille de ses boutiques aussi bien que par le statut de leurs propriétaires, l'évolution de ce commerce est donc assez semblable à celui de la chaussure; par contre, sa nouvelle implantation et sa concentration rapproche ce commerce de celui de l'alimentation de luxe, qui s'est localisée dans le sud-ouest de la même rue : une spécialisation géographique qui permet d'attirer une clientèle intéressée par un type bien spécifique de produits.

Il faut cependant souligner que la spécialisation de certaines rues reste un phénomène singulier dans le quartier. Les autres

entrée de la petite galerie marchande du 95-97 de la rue de Passy (vers 1980)

La rue de Passy est en pleine mutation économique. Le cinéma Le Passy est , à ce moment, le seul encore en activité dans la rue, et une grande partie des magasins de cette galerie viennent ou sont sur le point de changer d'activité: la mercerie et le cinéma vont disparaitre dans les cinq ans à venir, alors que le magasin d'habillement uniquement masculin, Harold, vient tout juste d'ouvrir; il sera, à la fin du siècle, l'un des deux seuls de ce genre dans toute la rue.

rues adjacentes à la rue de Passy sont, pour la plupart, quasi exemptes de boutiques; celles dans lesquelles le commerce s'est développé, la rue Duban et la rue de la Tour en particulier, n'ont aucune spécificité.

le commerce de la vie courante

Cette dernière catégorie d'activité commerciale est, elle aussi, assez modifiée au cours de ces cinquante années mais le moteur principal de cette évolution n'est plus, cette fois, la spécialisation de la rue dans la mode et l'habillement féminin : les changements constatés suivent, en gros, ceux de l'ensemble du pays.

Il n'y a que deux professions qui profitent de ceux-ci. La première est l'activité bancaire. L'époque est à l'ouverture de nouvelles agences afin d'attirer les déposants et la rue de Passy ne fait pas exception à cette tendance. Deux nouvelles banques (le Crédit Agricole et la BRED) s'y installent tandis que deux autres, la Société Générale, et la BNP, déjà présentes dans la rue ou dans son voisinage immédiat, vont ouvrir de nouveaux guichets : encore une fois, c'est dans la rue de Passy, et dans son voisinage immédiat à l'ouest de celle-ci, que se concentre cette nouvelle activité. La seconde profession en expansion est celle des opticiens : les progrès dans la conception et la fabrication des verres de lunettes, aussi bien que l'engouement pour des montures plus « seyantes », « adaptées à la personnalité » de celui qui les porte, transforment cette profession. De deux opticiens en 1955, dont un est une succursale d'une grande chaine, on passera à cinq à la fin du siècle avec, en particulier, deux nouvelles chaines qui installeront, chacune, une de leurs succursales sur une vaste surface.

En revanche, presque toutes les autres professions classées, dans les chapitres précédents, comme représentant la vie courante des habitants du quartier, vont être de moins en moins représentées. C'est le cas des quincailliers, droguistes ou marchands de couleurs, des fleuristes, des libraires ou des coiffeurs;

	1955	1960	1966	1971	1974	1978	1983	1985	1990	1995	2000
banque	3	2	2	3	3	4	5	5	6	8	8
coiffeur	4	3	3	3	3	3	2	1	1	1	2
fleurs	2	2	3	2	2	2	1	1	1	1	1
horloger	3	4	3	3	1	1	1	1	1	1	1
limonadier, café, tabac, traiteur, restaurant	5	5	4	4	4	4	5	5	4	4	5
linge de maison, tapis, art de la table...	1	3	1	1	1	2	3	3	3	4	4
opticien	2	3	2	2	3	3	3	3	3	4	5
papeterie, librairie, presse	4	4	2	2	1	1	1	1	1	1	1

tableau XI

Evolution du nombre des commerces les plus représentatifs liés à la vie courante dans la rue de Passy entre 1955 et 2000.

à la fin du siècle, il ne reste, en général, pour chacune d'elles, qu'un seul représentant (qui disparaitra d'ailleurs, dans de nombreux cas, peu d'années après). Quelques autres boutiques, comme une cordonnerie, ou une teinturerie, subsisteront à l'état de vestige d'une époque plus ancienne tout au long de ces quarante-cinq ans. Il y a enfin des professions qui vont apparaître de façon éphémère, telle celle du tirage des photographies argentiques, par exemple : l'appareil photographique se popularise dans les années 1990 et la reproduction des négatifs bénéficie de cette nouvelle mode... avant que l'apparition de la photographie numérique ne fasse disparaître ce métier aussi vite qu'il n'était apparu.

Notons, pour finir, quelques cas particuliers.
En premier lieu les pharmacies, profession fortement réglementée, dont le nombre d'officine va rester constant, tout au long de cette période.
Ensuite, les restaurants, dont le nombre total d'enseignes ne diminue guère mais qui vont connaître une profonde mutation de leur public. Les restaurants de type classique, que l'on avait vu apparaître avant la guerre, vont petit à petit fermer. Leur clientèle est remplacée par une nouvelle catégorie d'usagers, une fraction du personnel des magasins qui se sont ouverts dans la rue : celle-ci déjeunera souvent sur place, d'un repas rapide cette fois, pris dans un café de la rue. Par ailleurs, la mode de la nourriture exotique, peu onéreuse, commence à se développer, et trois traiteurs asiatiques vont compenser la fermeture des restaurants traditionnels. Là aussi, la relative stabilité des nombres cache, en réalité, un important changement dans le mode de vie. Mais il faut, en outre, souligner le développement de cette même activité dans la rue de l'Annonciation : on compte, à la fin du vingtième siècle, entre la place de Passy et le milieu de cette rue, pas moins de quatre brasseries ou équivalent (Mac Donald), une crêperie, un traiteur asiatique, sans compter quatre boutiques offrant, à midi, en salle ou sur le trottoir de la rue devenue piétonnière, des tables sur lesquelles on peut faire un rapide repas.

Il y a, enfin, la profession de « bazar » qui redevient à la mode, sous une forme partiellement différente de ce qu'elle fut, cent auparavant. Ce sont maintenant des boutiques surtout axées sur les arts de la table, les petits meubles de rangement, ou les luminaires de toutes sortes. Deux grandes surfaces, Casa et l'Entrepôt, et une troisième, un peu plus petite, Régali, y sont consacrées en 2000, alors que cette activité, représentée par deux ou trois boutiques jusqu'aux années 1900-1910, avait ensuite complètement disparue de la rue.
Au total, et toutes activités confondues, hors les banques et les opticiens, le nombre d'enseignes consacrées à la vie courante va diminuer de plus de 25% pendant cette période, ce qui est considérable au regard de la variété des métiers concernés. Une partie de cette évolution est détaillée le tableau XI, mais il faut redire ici que la stabilité de certains chiffres masque parfois des changements importants de structure.

Inno et le passy plaza

Il est nécessaire, pour finir, de regarder l'influence de l'implantation d'Inno-Passy (de 1955 à 1989) puis, à partir de 1993, du Passy-Plaza sur le commerce de la rue. Son aspect alimentaire, qui est apparu dès le début de ces deux ensembles successifs, et qui est toujours resté localisé dans le sous-sol des bâtiments, a déjà été évoqué plus haut. L'installation de celui-ci a accompagné la profonde modification du commerce de bouche de la rue, mais n'a été en rien sa cause. D'une part, elle se produit au moment de la fermeture de ce qui aurait pu être un de ses concurrents direct, Félix Potin. D'autre part, elle ne précède que de peu l'ouverture, dans le voisinage de la rue, d'autres « super marchés », de surfaces nettement plus réduites certes, mais proposant cependant une gamme de produits en tous points analogues à ce qu'offrait ce nouveau magasin, ainsi que de la transformation d'une importante épicerie en un magasin assez semblable à ces super marchés, mais sans rayon de produits frais. C'est toute cette série de nouveaux magasins qui, avec l'ensemble « Marché de Passy, rue de l'Annonciation », est devenue la source de l'alimentation du quartier à la place des petits commerçants qui existaient auparavant; Inno-Passy, et son successeur, le Passy-Plaza, n'ont eu que peu d'influence sur l'évolution du commerce d'alimentation.

Le rôle du rez-de-chaussée de ce magasin, puis de la galerie commerciale du Passy-Plaza, avec ses deux étages, ne sera, lui aussi, que relativement peu important en ce sens qu'il n'induira pas de modifications qualitatives à l'offre, donc à la clientèle, de la rue. Durant la première période (1955-1989), ce rez-de-chaussée est simplement un concurrent direct, en un peu plus grand, du Prisunic qui lui fait presque face. Comme ce dernier, il propose surtout de l'habillement de qualité moyenne, pour homme, femme et enfant, et un peu de quincaillerie, de papeterie, ou de matériel de bricolage. Ce rez-de-chaussée amène une activité commerciale supplémentaire, mais dans la même ligne que celle qui existait déjà auparavant.

L'ouverture des vingt-deux boutiques indépendantes du Passy-Plaza, sur une surface d'environ 5 000 m² au total, pouvait, a priori, amener plus de bouleversements. En fait, ce ne fut pas le cas. Ces nouvelles enseignes étaient parfaitement dans la ligne des commerces qui existaient déjà dans la rue; elles proposaient principalement du PAP féminin, des chaussures, des bijoux plus ou moins fantaisie ainsi que des parfums, de la lingerie, de la maroquinerie, avec aussi un grand opticien, un café au milieu de la galerie, une parapharmacie, une boutique consacrée aux arts de la table, etc.. Cinq des boutiques de PAP vont occuper d'assez grandes surfaces, de 300 m² à 800 m²; ce sont des filiales de grandes marques internationales qui visent toutes la clientèle habituelle, relativement aisée, du quartier; Passy-Plaza n'essaye ni de s'orienter vers le luxe, ni d'attirer un public plus jeune que celui des boutiques avoisinantes. La seule véritable originalité de cette galerie est l'installation, sur une surface de près de 900 m², d'un magasin de jouets et jeux de toutes sortes. Son unique concurrent, de taille infiniment plus réduite, était situé très près de cette galerie ; il va fermer dès l'ouverture de cette nouvelle boutique.

Pour résumer, l'installation de ce centre commercial n'a bouleversé en rien l'équilibre de la rue. À l'inverse, il s'est parfaitement intégré au paysage économique antérieur, en accroissant, néanmoins, son attractivité grâce à l'installation d'un certain nombre de nouvelles enseignes. Celles-ci ont des caractéristiques largement similaires à celles préexistantes mais appartiennent à des grands groupes de distribution à la réputation bien établie. Elles attirent donc de nouveaux clients vers la rue de Passy sans en changer son image.

CHAPITRE 6
conclusion

L'histoire du commerce de la rue de Passy ne s'arrête bien sûr pas avec l'orée du 21e siècle. Les enseignes continuent à changer, avec des fermetures de boutiques préludes à de nouvelles ouvertures, au même rythme que pendant les années qui précèdent. Il est encore un peu tôt pour savoir si la trajectoire du « tout habillement féminin » va vraiment s'infléchir. Il y en a quelques signes ; l'habillement masculin de qualité a commencé à réapparaître, quelques succursales directes de joailliers haut de gamme se sont installées, et on assiste aussi à une réimplantation de quelques magasins d'alimentation (chocolat, café, épicerie), à la place de magasins de PAP, en particulier de Franck et fils, l'un des magasins phares de la rue. Y aurait-il une réorientation durable du commerce ? Ce n'est pas sûr. Mais, dans tous les cas, on constate la même course vers le haut de gamme qui a caractérisé cette rue depuis 1860 : toutes ces nouvelles boutiques ne vendent que des produits de grande qualité. Et l'habillement féminin suit la même tendance : les « petites boutiques » disparaissent, et la qualité moyenne des objets mis en vente ne cesse d'augmenter. Pris d'une façon globale, le commerce de cette rue a toujours de beaux jours devant lui.

D'un autre côté, l'histoire du commerce de cette rue a, elle aussi, changé de dimension, ou plutôt d'orientation. L'évolution de celui-ci est devenue un véritable sujet d'études, passant de l'aspect anecdotique, ou, au mieux, simplement historique à un autre, totalement économique. Depuis 2000, la Chambre de Commerce et d'Industrie de Paris a choisi cette rue, comme une cinquantaine d'autres, pour suivre l'évolution du commerce de détail. Elle a chargé l'APUR (voir chapitre 2) de réaliser, tous les quatre ans, une étude approfondie de celle-ci. Par ailleurs, comme mentionné dans l'introduction de l'annexe 2, un organisme privé, Codata, relève, depuis 1998, tous les ans, le nom et le type d'activité de chaque boutique de l'ensemble du quartier. Les travaux ultérieurs en seront largement facilités; les relevés donneront une base plus sûre à l'histoire de cette évolution.

annexe

ANNEXE 1

souvenirs de quelques commerçants de la Rue de Passy

Mon grand-père, Marcel Audebert, était un enfant de la Butte. Né en 1895, il y vivra jusqu'à sa mort, en 1979, et y exercera le métier de marchand de vins au 19 rue Lepic pendant presque toute sa vie. Il ne fermera, en effet, sa boutique qu'en 1970, alors qu'il l'avait ouverte juste après la Grande Guerre, lorsqu'il revint du front. Celle-ci était typique de l'époque et de la profession avec, d'un côté, le « zinc », où les clients allaient prendre leur consommation, et de l'autre, la vente au litre d'un vin qu'il achetait, bien sûr, au tonneau. On faisait descendre ce dernier dans la cave, située sous le magasin, par un monte-charge que l'on actionnait à la main. Là, on lavait les bouteilles que les clients avaient rapportées (on consignait les bouteilles, à l'époque), on les remplissait à nouveau, puis on les fermait à l'aide d'une bouchonneuse avant de les remonter, pleines cette fois. Ses clients étaient parfois les peintres de la Butte, toujours impécunieux, qui laissaient généralement des ardoises censées être réglées à la fin du mois. Faute d'argent, il n'était pas rare qu'ils transforment, avec l'assentiment grand-paternel, leurs dettes en don d'une de leurs œuvres.

C'est donc aussi sur la Butte, que mon père, Claude, est né, en 1928. Encore jeune, il va aider ma grand-mère dans la boutique, car son mari a été mobilisé, à nouveau, en 1939, et c'est elle qui la gère avant sa démobilisation. De plus, mon grand-père livre, à l'aide d'un triporteur, les bouteilles qu'achetaient les clients. Ce n'était pas une mince affaire avec les rues très en pentes de ce quartier, et c'est à cause de cela qu'il eut, tout de suite après cette démobilisation, un grave accident à la jambe qui, mal soigné, le laissera boiteux pour toute sa vie ; mon père devra le seconder dans ce travail de livraison, tout en suivant, comme on le faisait couramment à l'époque, un enseignement primaire supérieur qu'il terminera en 1948. Il se marie deux ans après, et vient s'installer au 4 de la rue de Passy en 1952, à l'époque où je vais naitre, tout en continuant, jusqu'en 1956, à travailler avec mon grand-père, rue Lepic.

Cette année-là, on vient d'achever l'immeuble qui fait l'angle de la rue de Passy et de la rue Raynouard et, avec l'aide d'économies provenant de la famille de ma mère, mes parents achètent, dans celui-ci, un petit magasin dans lequel ils vont installer leur propre commerce de vin et de liqueurs, celui que je continue à exploiter aujourd'hui ; ils achètent aussi un petit appartement situé juste au-dessus, qui va leur servir de réserve, ainsi qu'une vaste cave, quatre fois plus grande que le magasin, et qui sera un autre, et plus vaste, entrepôt. A cette époque, cette extrémité de la rue de Passy est encore largement dominée par le commerce d'alimentation. Rien que dans la petite partie qui a été élargie au début du siècle (du 1 au 9 bis), il y a, entre les deux côtés de la rue, une boulangerie, une crèmerie, une charcuterie, une épicerie, un fruitier, un marchand de volailles et de poissons (qui s'installe, d'ailleurs, en même temps que mes parents), et deux marchands de vins. Malgré l'existence de ces deux concurrents, leur commerce se développe rapidement. Grâce à la formation acquise rue Lepic, mon père est en relation avec les bons fournisseurs, et même si ce commerce s'est beaucoup transformé entre les deux guerres et tout de suite après, il en a suivi, pas à pas l'évolution ; ces relations vont s'avérer très utiles pour son approvisionnement en produits de qualité, ceux qui sont les plus appréciés dans le quartier. D'autre part, c'est un quartier qu'il connait bien car il y venait déjà, tout de suite après la guerre, y livrer du vin, en particulier chez le poissonnier Sévenet qui vient à ce moment, comme je l'ai dit, d'ouvrir sa deuxième boutique juste à côté de chez nous. Les deux atouts précédents vont permettre le succès de leur boutique dès les premières années.

Pendant ce temps, je fais mes études secondaires dans divers lycées parisiens, passe le baccalauréat en 1970, m'inscris à la Faculté de Paris-Dauphine dans laquelle j'obtiens, en 1978, le titre de Docteur en gestion. Je pars alors, pour quelques années, m'occuper de café, d'abord au Costa Rica, puis en République Centre-Africaine, mon père travaillant seul à Paris. C'est l'époque où, simultanément, le commerce du vin de qualité, et celui des apéritifs, surtout étrangers, est en plein essor alors que les petites laiteries qui vendent en même temps quelques fruits et légumes sont à la peine; leurs bénéfices commencent à décliner fortement. Mon père décide de racheter le droit au bail de trois d'entre elles situées dans le XVIe arrondissement, et aussi celui de deux marchands de vins, l'un ayant sa boutique dans le quartier des Gobelins, l'autre à Neuilly, à proximité de la porte Maillot. Il va mettre en gérance tous ces magasins, ainsi que celui de la rue de Passy, chacun comprenant, outre le gérant, un ou deux autres employés, lui se consacrant entièrement à l'approvisionnement des magasins et à la gestion de l'ensemble. Celle-ci est, à l'époque, à la pointe du progrès. A la suite d'un voyage aux USA, fait en 1985, et où il assiste aux débuts de l'application de l'informatique au commerce, il introduit celle-ci dans ses magasins. Il est l'un des premiers détaillants de Paris travaillant dans l'alimentation à donner un n^os^ de code à chaque produit vendu dans un magasin et à équiper la caisse enregistreuse de cette boutique d'une disquette sur laquelle toutes ces ventes sont automatiquement reportées. Il peut ainsi gérer, seul au départ, tous les magasins et les achats nécessaires au réapprovisionnement de ceux-ci depuis un bureau qu'il loue dans le quartier. Il faut, aussi qu'il puisse stocker les bouteilles que ces boutiques vont vendre ultérieurement : il a, pour cela, besoin d'un entrepôt vaste et frais, avec une température stable et appropriée à la garde du vin. Il va trouver ce qu'il cherche dans une ancienne champignonnière, enfouie sous le sol crayeux d'Issy les Moulineaux, qu'il va louer.

Cependant, toute cette activité est lourde à gérer pour une seule personne, et il va rapidement me demander d'abandonner mes aventures africaines et de venir le seconder, avant que ce soit moi qui reprenne, par la suite, l'ensemble de cette gestion. Mais le paysage économique a beaucoup évolué depuis 1980, date du début de l'expansion de ses affaires. Il n'y a pas de nouvelle percée informatique qui nous permettrait de rester en pointe vis-à-vis du reste de la profession. Le prix de la main d'œuvre a beaucoup augmenté, alors que les réductions de personnel sont inenvisageables dans d'aussi petites surfaces. Enfin, et peut-être surtout, d'autres activités commerciales aux marges nettement plus élevées sont à la recherche d'emplacements bien situés pour leurs magasins ; pour ceux-ci, les loyers correspondant vont rapidement être multipliés par deux, voire par trois. Le type de commerce que nous pratiquons ne peut pas suivre cette montée des coûts et nous sommes petit à petit, dès 1995, amenés à revendre le droit au bail de chaque boutique à ces nouveaux commerces. En 2000, alors que mon père prend sa retraite de cette, nous sommes revenus à la taille initiale, le magasin de la rue de Passy. Son environnement a maintenant bien changé : le seul magasin d'alimentation qui subsiste au voisinage de la boutique est la boulangerie, de l'autre côté de la rue, et, seul, un autre marchand de vin et liqueurs existe encore dans toute la rue, totalement consacrée maintenant, à l'habillement. Mais, réduit à une personnel purement familial, mon fils et moi-même, notre maison reste un témoin bien vivace de ce que fut le commerce d'alimentation dans la rue, une clientèle très fidèle et nombreuse la fréquentant toujours assidument.

LES GALERIES DE PASSY

Ce sont mes grands-parents paternels qui ont créé, en 1899, un magasin de nouveautés au 75 rue de Passy. Les parents de ma grand-mère étaient nés en Russie et étaient arrivés à Paris vers le milieu du 19e siècle, avant sa naissance. Mon grand-père était, lui, né à Vilna, aussi en Russie à l'époque (maintenant Vilnius, en Lituanie), en 1866, et était un de ses cousins (ils avaient d'ailleurs le même nom de famille). Il émigre à Paris en 1884, à l'âge de 18 ans donc, et trouve à se loger dans le Marais, un quartier où étaient déjà logés nombre d'arrivants de l'Europe de l'Est, juifs pour la plupart et fuyant les pogroms. Il trouve rapidement du travail comme commis dans un magasin d'habillement, se marie quelques années après, en 1891, et s'installe rue Saint Sauveur.

Son emploi ne lui permet pas de gagner beaucoup d'argent, mais il est entreprenant, et cherche à s'installer à son compte. Au 75 de la rue de Passy existait, depuis au moins 1860, un magasin de papiers peints, qui avait changé d'exploitant vers 1890. Ce dernier, Mr Fidrit, faisait aussi le métier de peintre-vitrier, ayant sa boutique sur la rue et son atelier de peinture au fond de la cour. Il habitait à l'étage, au-dessus de son magasin, tout cet ensemble étant loué à une Mme Feret qui était alors la propriétaire de tout l'immeuble. Ce Mr Fidrit décide, en 1899, de ne garder que sa seconde activité. Il faut un nouveau locataire à cette boutique et mon grand-père décide de tenter l'aventure. Réunissant toutes ses économies, et empruntant, sans doute largement, à la partie de sa famille qui était installée à Paris, et peut-être aussi à quelques autres amis, il achète la marchandise nécessaire pour ouvrir son magasin dans le courant de la même année. Il fait alors apposer, au-dessus de la petite marquise métallique qui surplombe celui-ci-ci, une enseigne sur laquelle est écrit « Galeries de Passy », avec, en-dessous, en plus petits caractères, « Nouveautés ». Ce nom étant pris, lorsque Mme Franck, l'année suivante, ouvrira, au n° 50 de la rue, presque en face de la boutique de mes grands-parents, sa propre boutique de nouveautés, elle l'appellera « Galeries Parisiennes », pendant qu'un autre concurrent, Mr Jacob, le fondateur de la maison Halphen, ouvrira en 1902 une troisième boutique avec la même spécialité, au n° 52, qui prendra, elle, le nom de « A la Ville de Passy ». Cette activité de nouveautés est une nouvelle orientation pour la rue, et ce sont mes grands-parents qui la prennent les premiers.

En fait, au départ, l'activité de ce magasin est, vraisemblablement, un peu plus complexe. Pour des raisons que je ne peux que deviner, la description de celle-ci est donnée, à ce moment-là, dans le Bottin du Commerce, comme « Soldes, Nouveautés ». Et, de fait, au moment de l'ouverture de cette boutique, mon grand-père a fait mettre, sur le haut de la devanture, en grandes lettres, l'inscription « Grand Magasin de Soldes », comme il apparait encore sur une photo datant sans doute de 1905 dont je vais reparler un peu plus loin. Ceci indique sans doute qu'au moins une partie du stock initial, et peut-être aussi celui des quelques années qui vont immédiatement suivre, est constituée de marchandises achetées au rabais auprès de fournisseurs chez qui elles avaient déjà séjournées un certain temps. En tous cas, « Nouveautés » désignait, dans le langage de l'époque, non seulement les dessous féminins, bas, culottes, soutien-gorges, gaines, corsets, etc., mais aussi les corsages, assez flottants, que l'on portait alors surmontant de longues jupes. C'est, à ce que je sache, le seul sens que lui donnaient mes grands-parents. En fait, la notion de « Soldes » disparaitra très vite et, après 1905, cette mention ne figurera plus au Bottin du Commerce.

Mon père nait trois ans avant l'ouverture du magasin, fin 1896. Son acte de naissance indique bien qu'il est né rue de Passy, mais il n'est pas clair qu'à ce moment déjà, mes parents soient installés au-dessus du magasin. En tous cas, peu après 1900, Mr Fidrit vend aussi son atelier de peinture-vitrier, à un Mr Béjean, dont les descendants continueront la même activité, au même endroit, pendant près de cent ans. Le seul témoignage dont je dispose sur cette époque est la photo déjà citée où mon père semble avoir 6 ou 7 ans. Celle-ci est instructive à plusieurs points de vue. D'une part, il figure, sous la marquise du magasin, un calicot sur lequel est écrit : « Fournitures pour modes et couturières », et il faut comprendre ici, modes pour modistes, comme il était de coutume à l'époque. Et les articles pour couturières sont, en grande partie, des tissus que l'on leur vend alors au mètre, ainsi que ce que cela se fait encore dans certaines merceries. Ces deux activités, nouveautés et fournitures pour modes et couturières, vont en fait subsister, quasiment inchangées, jusqu'en 1941, lorsque mon père devra mettre fin, provisoirement, à son métier de commerçant.

La photographie précédente est intéressante à deux autres points de vue. D'une part, on y voit trois autres personnes qui semblent être des vendeuses du magasin (la quatrième, à droite, est peut-être l'employée de maison de ma grand-mère, comme il était l'habitude d'en avoir à cette époque). Ce nombre d'employés montre, en tous cas, que dès cette époque, la boutique permet à mes grands-parents de gagner assez confortablement leur vie. C'est remarquable dans la mesure où, lorsque mon grand-père s'est installé rue de Passy il y avait six merceries, et que leur nombre diminuera jusqu'à deux au début de la Grands Guerre, pour stagner ensuite pendant de nombreuses années ; visiblement, mon grand-père réussit beaucoup mieux que ses concurrents. D'autre part, si la vitrine de gauche semble être remplie de jupons, ou de chemises de nuits, correspondant bien à la vocation affichée du magasin, celle de droite ne montre pas d'articles correspondant à cette activité; ce sont des chapeaux d'hommes, et non de femmes. Est-ce un reste de cette activité de soldes ? Je ne sais.

Je possède une deuxième photographie de ce magasin, datant sans doute de quatre ou cinq ans après : la devanture de la boutique a été refaite, « Aux Galeries de Passy », en grandes lettres a remplacé « Grand Magasin de Soldes », et tous les produits mis en devanture représentent maintenant les activités annoncées : on y voit des gaines, des blouses, ou des rouleaux de tissus, par exemple. Le commerce s'est visiblement stabilisé.

Mon grand-père n'avait pas encore acquis la nationalité française au moment de la Grande Guerre, et était, en tout état de cause, trop âgé pour être mobilisable : la guerre ne représentera donc en rien une rupture dans l'exploitation du magasin. Et ce d'autant plus que mon père avait une santé fragile et que, quoique mobilisable vu son âge, il n'est jamais parti aux armées, à ce que je sache Il avait, avant cette guerre, été élève de l'école primaire du quartier, rue Chernoviz, puis du cours complémentaire, situé dans les mêmes bâtiments. Il va ensuite, suivre des cours à la Chambre de Commerce de Paris, puis travaillera quelques mois à Londres, pour compléter sa formation. Mais ceci ne sera que de courte durée. Vers 1920, à l'âge de 24 ans donc, il entre seconder mon grand-père dans le magasin familial. Mais, contrairement au gendre, ou au fils, des deux concurrents directs de ce dernier, eux aussi deuxième génération de la dynastie fondatrice, mon père n'a pas de véritable vocation commerciale. Il ne souhaite donc modifier ni l'orientation, ni la taille de l'entreprise créée par son père. Il va simplement aider celui-ci dans la direction du magasin, qu'il recevra en héritage au décès de ce dernier, en 1930; ma sœur, elle, se verra attribuer en partage un immeuble d'habitation dans le XVe arrondissement que l'activité commerciale de mon grand-père lui avait permis d'acquérir (contrairement à d'autres commerçants de la rue, il n'avait pas pu, à l'époque, acheter l'immeuble dans lequel il travaillait, ni même une partie de celui-ci).

Mon père se marie, un an après, je nais en 1933, et je resterai enfant unique, comme il est fréquent, à ce moment, dans de nombreuses familles. Et, durant toute cette période, le magasin continue sur sa lancée, l'activité de lingerie se développant à nouveau dans cette extrémité de la rue avec l'arrivée de deux magasins de taille beaucoup plus importante, Franck et fils, au 80, nouvel avatar des Galeries Parisiennes qui ont émigrées du 50 de la rue, en 1935, et Haurès, qui ouvre en 1938, au 76. Ces deux beaucoup plus grandes surfaces ont chacune, au rez-de-chaussée, des rayons offrant le même type de produits que « La Ville de Passy », mais ceci engendre, en fait, un effet d'entrainement qui est favorable au commerce paternel.

Cependant, un grand bouleversement se produit, brutalement, avec l'ordonnance d'Octobre 1940 du gouvernement de Vichy. Elle interdit aux israélites de posséder, ou même de diriger, des entreprises, aussi bien industrielles que commerciales. En 1941, un tribunal nomme un « Administrateur Provisoire » pour les Galeries de Passy, et celui-ci prend, très rapidement possession des lieux, magasin, appartement, cave, et, bien sûr, stock de marchandises. Il va immédiatement vendre, à vil prix sans doute, ce dernier, puis louer tout ce qui se trouve au 75 à un couple, Mr et Mme Miclo. Ceux-ci s'y installent de suite, et donnent une nouvelle orientation commerciale à la boutique, celle de la parfumerie. Mon père quitte clandestinement la zone occupée dès cette prise de possession des lieux, ma mère et moi le rejoindront peu de temps après. Nous ne reviendrons à Paris qu'à la fin de 1944, et mes parents commenceront immédiatement une procédure pour récupérer leurs biens. Ceci est un peu compliqué parce que Mme Féret avait, en Février 1945, vendu son immeuble, et que les époux Miclo avaient alors acheté tous les locaux qu'ils occupaient auparavant comme locataires. Un jugement de Juin 1945 prononce bien leur expulsion complète, mais il ne modifie pas leur droit de propriété; il faudra attendre encore onze ans pour que mes parents puissent acheter l'ensemble, magasin et appartement, à une de leurs héritières.

Par ailleurs, en 1945, il n'y a plus de stock, et toute l'activité commerciale, marchandise et clientèle, est à reconstruire. Mais la concurrence avec les grands voisins d'en face, Haurès et Franck et fils, leur apparait comme trop inégale à long terme : mon père sent le besoin de changer l'orientation du magasin. On est juste à la fin de la guerre, et cette dernière a donné une nouvelle jeunesse à une activité tombée alors en désuétude, le tricot. Celui-ci a de nouveau le vent en poupe et une boutique de laine à tricoter, Les Laines de Megève, s'est ouverte, juste au début de la guerre, place de Passy. Mon père décide de suivre cet exemple, fait affaire avec une filiale des filatures Prouvost, la Lainière de Roubaix, et change le nom du magasin qui va devenir « Marialène ». La nouvelle activité de celui-ci est bien représentée par la description qu'en donne le bottin du Commerce : « Laines et Tricots »; et le groupe Prouvost n'est qu'un de leurs fournisseurs, le plus important, certes, mais il n'est pas le seul. Cette activité va être florissante au début mais, rapidement, les habitantes du quartier vont retrouver dans les magasins les vêtements qu'elles sont lasses de tricoter et elles abandonnent, à nouveau, ce métier d'aiguilles; le nombre de clientes va commencer à diminuer, il va falloir trouver autre chose, quoique ce ne soit pas urgent.

J'ai, pendant ce temps, passé mon baccalauréat et j'obtiens ma licence en droit en 1956, alors que mon père continue à faire fonctionner le magasin. La guerre d'Algérie me rattrape, fin 1957, et je vais rester là-bas pendant 27 mois. A mon retour, en Mars 1960, la santé de mon père (qui décédera en 1963) s'est dégradée, et je suis amené à prendre les rênes de la petite entreprise familiale, dans lequel travaillent toujours deux vendeuses. Mais je ne me sens guère d'appétence à continuer dans une voie qui n'a plus guère d'avenir. Heureusement, les murs du magasin nous appartiennent maintenant, ce qui rend plus aisé tout changement d'orientation. Ce n'est cependant que près de dix ans après, vers 1969, que je prendrai la décision d'opérer cette reconversion et deviendrai franchisé d'une marque, alors célèbre, de produits de beauté, Coryse Salomé. J'obtiens l'exclusivité de celle-ci pour tout le XVIe arrondissement et me lance dans ce nouveau commerce, qui me semble être une solution d'avenir : la qualité des produits vendus, en particulier dans cette partie de la rue de Passy, ne fait que croître ; un grand magasin d'orfèvrerie de table, Christofle, une succursale d'un parfumeur de réputation internationale, Guerlain, se sont installés, à moins de cent mètres du magasin, sur le même trottoir. L'effet d'entrainement peut m'être favorable. Le magasin démarre bien, en effet, deux vendeuses spécialisées dans les produits de beauté sont engagées, pendant que ma femme passe un diplôme d'esthéticienne pour capter une autre clientèle encore inexploitée dans le quartier. Cependant, les produits Coryse Salomé perdent, petit à petit, la renommée qu'ils avaient eue entre les deux guerres : ce sont de bons parfums, mais ce ne sont pas les plus raffinés du marché, alors que ce sont ces derniers qui attirent maintenant la clientèle du quartier. Celle-ci va de moins en moins fréquenter notre boutique et, douze ans après, je la fermerai, louant ses murs à un licencié d'une chaine internationale de vêtements. Ainsi s'achèveront plus de quatre-vingt ans de présence de la famille Lewidoff dans le commerce de la rue de Passy

SOUVENIRS DE CHARCUTIER

Voilà quelques souvenirs sur l'histoire de l'exploitation, par ma famille, d'une charcuterie rue de Passy pendant plus de soixante-dix ans. Mon grand-père était né en 1886, près de Piacanza, en Emilie Romagne, dans la plaine du Pô. Les paysans y étaient pauvres et mes grands-parents maternels ne faisaient pas exception à la règle. Ce grand-père essaya d'abord d'être marin mais sa santé ne le lui permit pas. Il décida alors de devenir garçon charcutier, changeant ainsi complètement d'orientation, et trouva un emploi à Milan, où il se forma pendant quelques années. A l'âge de 22 ans, il pense connaître suffisamment son métier pour tenter la grande aventure de l'expatriation et venir exercer celui-ci à Paris, dans cette France qui apparaît, à cette époque, à beaucoup de ses compatriotes, comme le grand et riche voisin. C'est ce qu'il va faire pendant près de quatre ans, dans une charcuterie parisienne, avant de vouloir devenir son propre maître. Il va alors louer une boutique au 42 rue de Passy, boutique qu'il va appeler une « boutique italienne d'alimentation », tel que ceci apparait, sur une photo familiale, écrit sur un calicot qui pendait en-dessous de l'auvent en toile de ce magasin. Il y ajouta deux mentions, une de chaque côté : « Vin d'Asti », et « Charcuterie ». Il va, bien sûr, aussi louer dans le même immeuble, mais au dernier étage, sous les toits, un petit appartement, et c'est là où il vivra, en fait, tout le reste de sa vie.

Pour exploiter ce magasin, il a fait venir de Piacanza, pour le seconder, un de ses jeunes frères. Peu de temps après, il se marie avec une française, manifestant ainsi sa volonté de prendre lui-même cette nationalité. Mais la Première Guerre mondiale va, hélas, largement bouleverser tous ses plans. Il a 28 ans en 1914, son frère à peine moins, ils sont, bien sûr, mobilisés et doivent rentrer en Italie. Pour ne pas arrêter l'exploitation de ce magasin qui vient tout juste d'ouvrir, il va demander à ma grand-mère de le remplacer, et ceci est loin d'être aisé pour cette jeune femme qui n'a pas été formée à ce métier. Grâce à son énergie, elle le fera cependant, et très bien, pendant ces quatre années. Mais la fin de la guerre n'est pas vraiment ce moment heureux qu'ils avaient tant attendu, tous les deux : si mon grand-père en revient bien indemne, son frère, lui, est mort au combat : ce sont donc mes grands-parents qui vont continuer, seuls, à exploiter cette boutique.

C'est, bien sûr, dans l'appartement situé au-dessus de celle-ci que naissent ma mère, et son jeune frère peu après. Je n'ai jamais vu ce logement mais elle m'en a souvent parlé : il y fait froid l'hiver, et bien chaud l'été. Sa mère descend alors sa chaise, et s'installe devant le magasin, avec son tricot, en compagnie de voisines logées à la même enseigne. La vie de quartier, ou plutôt de trottoir, est alors bien vivante : les habitants du même pâté de maisons, de tout le voisinage, sont une sorte de grande famille. Ma mère et mon oncle vont tous deux fréquenter l'école primaire du quartier, celle de la rue Chernoviz, située tout à côté de chez eux, et c'est là où elle obtiendra son certificat d'études. Mes grands-parents, pendant ce temps, redoublent d'efforts pour développer leur magasin, et ils y réussissent tellement bien que celui-ci devient bientôt trop petit pour leur clientèle. En 1926, ils vont traverser la rue pour s'installer juste en face, au 59, dans des locaux plus grands, tout en gardant, bien sûr, la même activité commerçante. Une photo que je possède de ce magasin, et qui date vraisemblablement d'un ou deux ans après leur installation dans ces nouveaux locaux, montre mes deux grands-parents dans cette boutique ainsi que ma mère, qui y travaille aussi, et leurs cinq employés. On voit en outre, sur cette photographie, en arrière-plan, une impressionnante série de jambons importés certainement d'Italie, plus en avant, sur une table, un certain nombre de terrines remplies de saucissons en tranche, de mortadelle, et autres hors d'œuvres et, sous celle-ci, des boites et des bocaux de conserves. Une autre photographie, prise sous un autre angle, montre, elle, une montagne de fromages cuits, des bouteilles de vin, etc... Il me parait clair que, dès cette époque, cette boutique attire une clientèle, importante et aisée, du quartier.

Mon grand-père est, par ailleurs, resté suffisamment proche de son pays d'origine pour aller parfois à des réunions et autres festivités organisées par ses compatriotes. Il y emmène aussi sa fille et là, l'histoire va se répéter. Ma mère va y rencontrer un jeune garçon charcutier, originaire, lui aussi, de l'Emilie Romagne, mais des environs de Reggio d'Emilie, une centaine de kilomètres plus à l'est; ils vont s'aimer et, bientôt, s'épouser, venant loger alors au-dessus du nouveau magasin. Mon père va y travailler aussitôt, secondant son beau-père, mais ce ne sera, hélas, que pour quelques mois car ce dernier va mourir, fin 1936, d'un arrêt cardiaque, à l'âge de 50 ans seulement. C'est mon père qui doit alors diriger toute la boutique et, comme pour la génération précédente, il va demander à son jeune frère de venir le seconder. Celui-ci va donc venir en France et, bien plus tard, il ouvrira une boutique analogue dans un autre quartier de Paris.

Mes parents vont rapidement avoir leurs deux enfants et l'avenir leur parait alors souriant. Hélas, une nouvelle guerre se déclare bientôt à laquelle, jusqu'au début de Juin 1940, l'Italie ne participera pas. Mais Paris leur apparaît comme une ville peu sûre, susceptible d'être bombardée, et mes parents décident de nous envoyer, mon frère et moi chez nos grands-parents paternels, au milieu de la campagne, dans la plaine du Pô. Ceci semblait être une très sage décision mais la déclaration de guerre de l'Italie à la France, en Juin 1940, suivie presque immédiatement par la défaite de l'armée française, l'armistice, et l'occupation de la zone nord du pays va tout changer. Les voyages France Italie vont devenir très difficiles, et nous ne verrons presque plus mes parents jusqu'à la fin de la guerre, quand nous pourrons enfin rentrer à Paris.

Toute cette période est aussi très dure pour les exploitants d'un magasin comme celui de mes parents, dans lequel la plupart des produits vendus étaient importés. Dès 1939, ces importations sont soumises à de nombreuses restrictions, et la déclaration de guerre de 1940 va rendre la situation encore plus difficile. Le magasin doit fermer ses portes et, même s'il est autorisé à ouvrir à nouveau peu de temps après, il n'y a plus de contact possible avec les anciens fournisseurs, plus de marchandise à acheter, et donc à vendre : la boutique est vide, une longue queue se forme dès que le bouche à oreille suggère qu'il y aurait, peut-être, quelque marchandise, un matin donné, dans ce magasin. Tous les produits carnés, les fromages ne se vendent qu'avec des tickets d'alimentation, que l'on doit détacher de la carte du même nom et donner en échange de la marchandise, pesée au gramme près ! Et la fin de la guerre ne changera rien à la pénurie pendant quelques années encore. Je me souviens très bien que, revenue en France, j'aidais ma mère à coller, sur les feuilles appropriées, ces fameux tickets qu'il fallait donner à l'administration pour pouvoir avoir droit à une nouvelle attribution de marchandises.

Cette époque, heureusement ne durera que quatre ou cinq ans, pendant lesquelles j'ai fréquenté, comme ma mère avant moi, l'école de filles de la rue Chernoviz, dont l'entrée avait été simplement transportée rue de Passy. Dès 1950, la vente de nourriture redevient «libre», comme l'on disait alors, et le commerce de mes parents peut repartir sans entraves. Les importations ont repris et, pour suivre l'évolution des gouts de la clientèle, on vend, maintenant, de plus en plus de plats cuisinés. La maison occupe, à nouveau, une demi-douzaine d'employés et c'est à mon tour, maintenant, de venir de temps en temps aider mes parents.

Cette reprise va continuer, sans discontinuer, pendant près de vingt ans, et avec un grand succès. Cependant, au début des années 1970, un nouvel à-coup va se produire. Nos voisins, propriétaires de l'immeuble dans lequel se trouve leur commerce, décident de réaliser une importante opération immobilière qui consistera à abattre le bâtiment dans lequel ils travaillent pour en construire un autre, beaucoup plus haut, et de standing nettement plus élevé. Mes parents adhèrent à ce projet car mon père a atteint l'âge où il désire ne plus travailler. Le magasin est alors fermé pendant toute la durée des travaux, et c'est la génération suivante, la mienne, qui va en assurer la réouverture, au même endroit, une fois le nouvel immeuble terminé. Ce nouveau magasin n'aura cependant pas une vie aussi longue que l'ancien : la vente des produits alimentaires est en train de disparaitre de la rue de Passy au profit de l'habillement, féminin surtout, et les modes de distribution se modifient profondément, eux aussi. Nous fermerons définitivement le magasin peu avant 1990, mettant un point final à l'exploitation, pendant plus de trois quarts de siècle, d'une charcuterie italienne de grand renom dans cette rue.

http://www.histoire-auteuil-passy.org/
rubrique rue de Passy

ANNEXE 2

Le village de Passy et ses environs, d'après le plan de 1731
Plan de 1731, dit « Plan Roussel »
Collection Société Historique d'Auteuil et de Passy

Le Château de la Muette, sous Louis XV
Collection Société Historique d'Auteuil et de Passy

L'Hôtel de Valentinois, côté jardin, à la fin du 18e siècle
Collection Musée Carnavalet / Paris Musées

La barrière de Passy vers 1840
The Miriam and Ira D. Wallach Division of Art, Prints and Photographs: Print Collection, The New York Public Library.

Plan du village de Passy en 1840
Collection Archives de Paris
CN 181-182-183

Plan de la rue de Passy
OpenStreetMap

Hôtel de la Folie
Collection Société Historique d'Auteuil et de Passy

La Place de la Mairie en 1864
Collection Musée Carnavalet / Paris Musées

Le quartier de la Muette en 1870
Nouveau plan de Paris divisé en vingt arrondissements
1870 Hachette Pocket Map of Paris

La Place de Passy en 1903
Collection J.L. Celati

Le Passy Cinéma en 1913
Collection J.L. Celati

L'immeuble Félix Potin vers 1935
Collection Archives de Paris
ADO-75-PH

Une confiserie de la rue de Passy
Collection J.L. Celati

Entrée de la petite galerie marchande du 95-97 de la rue de Passy (vers 1980)
Collection J.L. Celati

L'urbanisme

aux éditions L'Harmattan

Dernières parutions

HORS DES MÉTROPOLES, POINT DE SALUT ?
Les capacités de développement des territoires non métropolitains
Doré Gwenaël - Préface de François Taulelle et Postface de André Torre
À l'heure où les atouts des métropoles sont loués tant du côté des économistes que des politiques, cet ouvrage souligne les avantages comparatifs des territoires ruraux et des villes petites et moyennes, et en particulier la résistance des tissus productifs de ces espaces au-delà de leur attraction résidentielle. L'auteur cherche à dégager les alternatives à la métropolisation et estime que l'avenir de ces territoires non métropolitains repose sur leur capacité d'organisation et d'articulation entre espaces ruraux et urbains.
(Coll. Questions contemporaines, 37.00 euros, 358 p.)
ISBN : 978-2-343-11806-2, ISBN EBOOK : 978-2-14-003488-6

UNE AUTRE VILLE EST POSSIBLE
L'agenda 2020-2040 de l'urbanisme en France
Huret Marc
L'urbanisme qui a été réalisé en France depuis le milieu du siècle dernier est globalement médiocre, essentiellement ségrégatif, gravement déficient et nuisible en matière d'écologie et de santé. L'histoire nous apprend cependant que la ville se renouvelle continument, soit de façon contingente non maîtrisée, soit selon un dessein politique. Nous devons avec lucidité analyser les causes de la catastrophe récente pour mieux inventer et réaliser une urbanité d'excellence écologique, de quotidienneté moins pressée, de proximité, de convivialité, de citoyenneté, de qualité du vivre-ensemble, de plaisir de la ville.
(16.00 euros, 146 p.)
ISBN : 978-2-343-11862-8, ISBN EBOOK : 978-2-14-003487-9

LA PART ARTISTIQUE DE L'HABITER – Perspectives contemporaines
Sous la direction d'Olivier Lazzarotti, Guy Mercier et Suzanne Paquet
De pensées en réflexions, l'»habiter» s'impose pour désigner la dimension géographique des hommes et des femmes vivant en société. Épais de son économie, de ses jeux de pouvoir, fait de représentations et de langages, comment l'habiter n'aurait-il pas sa part d'artistique ? Centré sur une époque contemporaine marquée par la remise en cause des relations aux espaces, aux temps et aux autres,

le présent ouvrage aborde la thématique selon une double approche : l'art comme composante de l'habiter ; l'habiter comme composante de l'art.
(Coll. Géographie et cultures, 22.00 euros, 250 p.)
ISBN : 978-2-343-11802-4, ISBN EBOOK : 978-2-14-003459-6

LA PART-DIEU
L'art urbain de l'aménageur
Vauzeilles Georges
Depuis 2010, la Part-Dieu est appelée à se rénover. Ce livre est l'occasion d'un retour dans les années 70-80 où une équipe, constituée autour d'un aménageur, a contribué à faire surgir au cœur de Lyon un morceau de ville moderne, la Part-Dieu. Il est aussi l'occasion de raconter comment, à partir de l'histoire de la Part-Dieu, ils se sont rapprochés des habitants et ont travaillé avec les élus pour construire un quartier en phase avec les populations appelées à s'y installer.
(18.50 euros, 178 p.)
ISBN : 978-2-343-08187-8, ISBN EBOOK : 978-2-14-000646-3

LA RÉGIE : UNE AVENTURE HUMAINE
Aménager en territoire péri-urbain
Gallichet Gilles
Après un premier opus consacré au bilan des pratiques durant le dernier mandat municipal, l'auteur poursuit son investigation des pratiques communales en aménagement. Saint-Lambert-la-Potherie, située dans l'agglomération angevine, a conduit une opération d'aménagement en régie, sur le site de la « Grande Rangée ». Il nous montre que, dans un monde étouffé par les règlements, la conduite d'un projet, par une équipe municipale déterminée, constitue une véritable aventure humaine… passionnante.
(25.50 euros, 229 p.)
ISBN : 978-2-343-08665-1, ISBN EBOOK : 978-2-14-000472-8

TERRITOIRES DU PÉRIURBAIN
Quelles nouvelles formes d'appropriation ?
Sous la direction de Laurence Costes
Les textes présentés dans cet ouvrage s'efforcent d'apporter un autre regard sur les territoires périurbains. Pris dans un processus plus vaste d'urbanisation généralisée avec leurs conséquences sur les zones d'emploi, leurs populations se diversifient tout comme leurs trajectoires résidentielles et les modes de vie qui les accompagnent. Ainsi émergent différentes formes de revendications citoyennes, d'affirmation d'un ancrage local qui participe à la recomposition de ces territoires.
(Coll. Institut de la Ville et du Développement, 20.00 euros, 182 p.)
ISBN : 978-2-343-08625-5, ISBN EBOOK : 978-2-14-000255-7

LA POLITIQUE DE LA VILLE
Idéologies, acteurs et territoires
Sous la direction de Grégory Busquet, Florent Hérouard, Emilie Saint-Macary
Avant-propos de Jean-Pierre Sueur / Postface d'Antoine Haumont
Alors que la politique de la ville est de plus en plus critiquée par les chercheurs, dans les médias et au sein du champ politique, cet ouvrage propose de la

réinterroger. Quelles sont les idéologies qui ont permis sa mise en place ? Comment ont-elles évolué et comment se sont-elles traduites sur le terrain ? Quels sont ses effets, voulus ou non, sur les « quartiers » ? Cette action publique est-elle cohérente sur la durée ? Que signifie, en d'autres termes, lutter contre le « ghetto » en France ?
(Coll. Habitat et Sociétés, 31.00 euros, 308 p.)
ISBN : 978-2-343-05926-6, ISBN EBOOK : 978-2-14-000283-0

MÉTROPOLE ET VILLE-PAYS
La construction des Grandes Régions
L'exemple de Reims
Beauchard Jacques
La construction des Grandes Régions suppose la prise en compte de l'espace transactionnel comme géographie à partir de laquelle il faut réinventer la diversité comme la qualité des lieux et des centres. Les nouveaux territoires administratifs doivent y contribuer. Partout le rural s'intègre à l'urbain et sont apparues des Villes-Pays polycentriques qui s'assemblent dans une Ville-Département : une nouvelle identité locale, régionale et européenne se dessine, que les Grandes Régions devraient promouvoir.
(Coll. Administration et Aménagement du Territoire, 15.00 euros, 136 p.)
ISBN : 978-2-343-08216-5, ISBN EBOOK : 978-2-14-000361-5

LA MIXITÉ SOCIALE DANS L'HABITAT FRANCILIEN
Bilan et perspectives d'évolution
Pierrot Audrey
La mixité sociale constitue aujourd'hui un nouveau paradigme applicable à toutes les politiques publiques urbaines. Elle est née de la volonté des pouvoirs publics de remédier aux problématiques existantes au sein des quartiers sensibles franciliens qui se caractérisent par une forme de ségrégation spatiale et sociale. Ce mémoire dresse donc un bilan de la mixité sociale dans l'habitat et interroge la pertinence de cette exigence à travers l'examen des différents quartiers franciliens.
(Coll. Master Collectivités territoriales et politiques publiques, 18.00 euros, 172 p.)
ISBN : 978-2-343-08435-0, ISBN EBOOK : 978-2-14-000357-8

AUX MARGES DE LA VILLE
Paysages, sociétés, représentations
Sous la direction de Sophie Bouffier, Claude-Isabelle Brelot et Denis Menjot ; Préface de John Merriman, Université de Yale
Les espaces périurbains sont un sujet d'actualité traité ici dans une démarche doublement originale. D'une part, ils sont étudiés dans la très longue durée, des cités grecques aux agglomérations contemporaines. D'autre part, l'ouvrage décloisonne leur analyse dans l'interdisciplinarité, pour penser autrement que sur le mode binaire - par l'opposition d'un centre et de sa périphérie - l'histoire de ces espaces en marge de la ville mais qui n'existent que par elle.
(Coll. Villes, histoire, culture, société, 35.00 euros, 342 p., Illustré en noir et blanc)
ISBN : 978-2-343-06006-4, ISBN EBOOK : 978-2-336-38714-7

4 X LEVALLOIS

Guillaume Massart, Adrien Mitterrand, Julien Meunier

4 APERÇUS DE LEVALLOIS-PERRET... 1. CULTURE : LE CRÉPUSCULE. Batman et Spider-Man, James Bond et les cow-boys, attendent patiemment les vampires de la nuit. 2. SPORTS : LE MAGASIN. Deux espaces : au rez-de-chaussée, couleurs chaudes, boiseries, vitrines lustrées ; au sous-sol, éclairage au néon, exiguïté, bleu électrique aux murs. On va et vient entre l'espace de vente et l'atelier. Force de vente : ici, on vend des armes. 3. JEUNESSE : DES LENDEMAINS QUI CHANTENT. Qu'est-ce qu'un mini-entrepreneur ? 4. LOISIRS : LE CENTRE. Chiens gigantesques, piano mécanique, requins mangeurs d'hommes ; solitude, séduction, mélancolie... Au centre, on trouve tout.

(20.00 euros)

ISBN : 978-2-336-29722-4

4 VILLES IDÉALES LYON, LE HAVRE, WASHINGTON ET ESSAOUIRA
4 architectes Tony Garnier, Perret, L'Enfant et Cornut

Piot Cyrille - Préface de Jean-Paul Louvet

Nombre d'architectes ont imaginé «la ville idéale». Bien peu sont parvenus à la réaliser. Cyrille Piot propose d'étudier quelques-unes de ces villes conçues puis bâties par ces architectes. Parmi les quelques exemples de ces réussites, il en a retenu quatre : Lyon, pour l'un de ses quartiers, Le Havre, Washington et Essaouira. Chacune de ses réalisations correspond à une volonté ou à une nécessité politique jointe à une intention architecturale remarquable.

(18.00 euros, 186 p., Illustré en couleur)

ISBN : 978-2-343-05828-3, ISBN EBOOK : 978-2-336-38240-1

STARCHITECTURE(S)
Figures d'architectes et espace urbain
Celebrity Architects and Urban Space

Sous la direction de Maria Gravari-Barbas et Cécile Renard-Delautre ;
Préface de Joan Ockman

Les années 1990 et 2000 se caractérisent par la profusion de projets architecturaux iconiques, dans une surenchère que peu d'autres périodes dans l'histoire de l'architecture avaient connue. Cet ouvrage porte un regard critique sur ces projets qui ont façonné l'image et l'identité des villes contemporaines. Il s'intéresse à la figure des «starchitectes» qui les produisent, aux acteurs locaux qui les commanditent, aux populations qui les «consomment». Il s'intéresse également à la nouvelle géographie qu'ils esquissent. (Articles en français et en anglais.)

(Coll. Gestion de la culture, 30.00 euros, 272 p., , Illustré en couleur)

ISBN : 978-2-343-06292-1, ISBN EBOOK : 978-2-336-38271-5

L'Harmattan Italia
Via Degli Artisti 15; 10124 Torino
harmattan.italia@gmail.com

L'Harmattan Hongrie
Könyvesbolt ; Kossuth L. u. 14-16
1053 Budapest

L'Harmattan Kinshasa
185, avenue Nyangwe
Commune de Lingwala
Kinshasa, R.D. Congo
(00243) 998697603 ou (00243) 999229662

L'Harmattan Congo
67, av. E. P. Lumumba
Bât. – Congo Pharmacie (Bib. Nat.)
BP2874 Brazzaville
harmattan.congo@yahoo.fr

L'Harmattan Guinée
Almamya Rue KA 028, en face
du restaurant Le Cèdre
OKB agency BP 3470 Conakry
(00224) 657 20 85 08 / 664 28 91 96
harmattanguinee@yahoo.fr

L'Harmattan Mali
Rue 73, Porte 536, Niamakoro,
Cité Unicef, Bamako
Tél. 00 (223) 20205724 / +(223) 76378082
poudiougopaul@yahoo.fr
pp.harmattan@gmail.com

L'Harmattan Cameroun
TSINGA/FECAFOOT
BP 11486 Yaoundé
699198028/675441949
harmattancam@yahoo.com

L'Harmattan Côte d'Ivoire
Résidence Karl / cité des arts
Abidjan-Cocody 03 BP 1588 Abidjan 03
(00225) 05 77 87 31
etien_nda@yahoo.fr

L'Harmattan Burkina
Penou Achille Some
Ouagadougou
(+226) 70 26 88 27

L'Harmattan Sénégal
10 VDN en face Mermoz, après le pont de Fann
BP 45034 Dakar Fann
33 825 98 58 / 33 860 9858
senharmattan@gmail.com / senlibraire@gmail.com
www.harmattansenegal.com

www.ingramcontent.com/pod-product-compliance
Lightning Source LLC
LaVergne TN
LVHW021232061026
849535LV00008B/3036